INBOUND

# 小さな会社のインバウンド売上倍増計画

## 54の「やるべきこと」と「やってはいけないこと」

村山慶輔
株式会社やまとごころ代表取締役
インバウンド戦略アドバイザー

日本経済新聞出版

# はじめに

みなさんは、いつも外国人観光客で賑わっているホテルや旅館、ゲストハウスなどの「宿泊施設」、レストランや居酒屋、寿司屋、ラーメン屋などの「飲食店」、アパレルショップや雑貨屋、土産物店などの「小売店」、ガイドツアーやサイクリング、アウトドアアクティビティ、文化体験などの「体験型事業者」を見て、〝羨ましい〟と思ったことはありませんか？

〝羨ましい〟と思った方の多くは、「うちみたいな小さな会社でもできるのかな」と想像したことがあるでしょう。

と同時に、「きっと真似できないような特別なことをしているに違いない」「大手企業の息がかかっているのだろう」「どうせ英語（中国語や韓国語など）がペラペラなんでしょ」「高いお金を払って広告宣伝したのでは？」といったできない理由を頭のなかに並べ、インバウンド（外国人観光客）に取り組むことを諦めてきた方も少なくないのではないでしょうか。

そんなみなさんには、ぜひ本書『小さな会社のインバウンド売上倍増計画』を参考にしていただきたいです。

**「その人にしかできない特別なことをしなくとも」「地域密着型の小さな会社であっても」「語学が達者でなくとも」「大きな投資をしなくとも」、外国人観光客を呼び込み、売上を伸ばすことはできます。**

そのためには、**やるべきこととやってはいけないことを明確にしたうえで、効率的かつ無駄の少ないことだけを着実に実行していく必要**があります。

具体的には、自己分析（第2章）、ターゲット選び（第3章）、商品・サービスのつくり方と磨き方（第4章）、リアルとオンラインの集客法（第5章）、現場での接客術（第6章）、トラブル防止策（第7章）、人材採用と育成（第8章）について、小さな会社に合わせて取捨選択したうえで、不可欠なノウハウを紹介しました。私が本書で述べる「小さな会社」とは、従業員が1人から50人程度の会社を想定しています。

## インバウンドを制すもの、ビジネスを制す

先日、国内でアパレルブランドショップを展開する経営者と話す機会がありました。そのなかで、「インバウンドを制すもの、小売を制す」という話題が出ました。その方が理由としてあげていたのが、少子高齢化や実質賃金の低下による国内市場の縮小です。

小売に限らず、飲食・宿泊・体験など、あらゆる業界にいえることですが、国内客だけで売上を伸ばそうと頑張っても、遅かれ早かれ頭打ちになることは目に見えています。

伸び代のある市場はどこなのか……そう考えたときに、真っ先に思い当たるものの1つがインバウンドです。私がインバウンドに特化した事業を立ち上げた16年前には、インバウンドへの期待値は低かったのですが、今後、インバウンドこそが成長エンジンであるという考え方は一層広がっていくと考えています。

## 加速する人口減少と膨らむ世界

厚生労働省の発表によると、2022年の国内人口の自然増減数は、79万人のマイナスとなっています。これは過去最大の減少で、前年比で17万人も多い数字です。福井県（人口75万人強）と同規模の人口が消失したことになります。

それに拍車をかけるように、コロナ禍で婚姻数が減少しました。残念ながら、少子化はさらに加速することが見込まれます。

一方で、国連の「世界人口推計2023」によると、世界の総人口は80億人を超えました。

2100年までには100億人を超えるという予測も出ています。そのなかで、特にアジア諸国を中心に、海外旅行に目を向け出すといわれる中間層の数も増えてきています。

世界に目を向けることが、いかに売上倍増への近道なのか、理解いただけるかと思います。


2023年4月、日本は新型コロナ対策のための水際対策を終了させ、3年ぶりにインバウンドが本格的に再開しました。訪日外国人観光客数は順調に回復し、過去最高だった2019年比で7~8割まで戻ってきています。

実際、インバウンドの恩恵を受ける地方の旅館や土産屋は、私のまわりでも急増しています。政府も、コロナ禍前の2019年以上にインバウンド施策を強化する方針を掲げています。具体的には2019年に3188万人だった訪日客を2030年に6000万人に、4・8兆円だった消費額も15兆円にする目標を掲げています。また、2025年に開催される大阪・関西万博に向け、インバウンドによる経済効果5兆円を目指し、矢継ぎ早に海外プロモーション等の施策を打ち出しています。


では、世界から見た日本の魅力はどうなのでしょうか？

2022年の「世界経済フォーラム」で発表された観光地の魅力度調査において、日本は世界1位に評価されました。アメリカの有力紙「ニューヨーク・タイムズ」が選ぶ、2023年に行くべき世界の旅行先の2位に「盛岡」が選ばれるなど、日本のみならず地方の注目度も高まってきています。

さらに円安が背中を押します。2019年の年間平均レートは、1ドル109円でしたが、2023年10月時点では150円に迫っています。単純計算で、コロナ禍前より4割近く日本旅行を安く楽しめるのです。

そもそも、観光の現場では、コロナ禍前から外国人観光客がしきりに「日本は安い」と言っていました。加えていえば、旅先で財布の紐が緩くなるのは万国共通です。

小さな会社、それも地域に根ざした事業者にとって、またとないチャンスが訪れようとしているのです。

## 既存客・常連客とインバウンドは共存以上の関係が成り立つ

「インバウンドにチャンスがあるのはわかった。でも、外国人客がお店に増えることで、既存客や常連客が減るのでは」と危惧する方もいると思います。

では、果たしてインバウンドに取り組むことが、本当に既存客や常連客を捨てることになるのでしょうか。

私が大切だと思うのは、「**既存客や常連客に支えてもらい商売の土台をつくり、成長・利益をインバウンドから獲得する**」というバランスです。

そのバランスさえ間違えなければ、既存客や常連客とインバウンドは共存できますし、相乗効果すら生むこともあります。なぜなら外国人観光客は地元住民が集まるお店（会社）であるほど価値を感じやすい傾向を持ち、既存客や常連客は外国人観光客のおかげで行きつけのお店（会社）が存続されるうえ、新たな魅力の開発もされやすくなるからです（もちろんオーバーツーリズムには注意が必要ですので、よろしければ2020年に出版した拙著『観光再生』も参考にしてください）。

私は2007年からインバウンドビジネスの専門家として日本全国をまわって、外国人観光客の集客や受け入れに関するアドバイスをしてきました。

そのなかで確信しているのは、インバウンドのニーズが変わってきているということです。端的にいえば、彼らは**どんどん「地方や独自性を持つ小さな会社」を選り好む**ようになってきています。

ただ、何もしなければインバウンドは呼び込めません。お金をかけるだけが打ち手でもありません。お金をかけずとも、また、小資本でもやれることはたくさんあります。そのやり方を理解し、実践することで、成果は大きく変わってくるのです。

本書には、16年以上インバウンドに携わってきた私自身の経験や知見から導き出した、「小さな会社がいかにしてインバウンドを攻略するか？」に特化したノウハウをまとめています。できるだけお金をかけずに成果につながること、今日からでも取り組めることを具体的にお伝えしていきます。本書を通して、インバウンドの可能性とその攻略方法を理解すると同時に、取り組みの一助となればと心から願っております。

具体的なノウハウに関しては、先ほども書いたように第2章以降に載せています。一方、「インバウンドは、自分たちとは異なる一部の会社が関わるもの」というよくある思い込みを払拭するため、第1章ではストーリー仕立てで、インバウンドへの取り組みを紹介しました。

あくまでフィクション（架空）の話ですが、これまでの私のコンサルティング実績や成功事例をベースに各業種の小さな会社が売上を倍増させるために、「何をしたのか」と、「何をしなかったのか」を描いてみました。実際にある会社の話ではありませんので、みなさんが置かれている実情とはズレがあるかもしれませんが、本書の内容が〝自分事〟として、スッと頭に入ってくるための準備体操として、ご活用いただけたら幸いです。

なお本書の内容は概ね２０２３年10月頃までの情報に基づいていることをお断りしておきます。

# 小さな会社のインバウンド売上倍増計画

54の「やるべきこと」と「やってはいけないこと」　目次



## 第1章　ストーリーで見る小さな会社の【売上倍増計画】　17

## 第2章 小さな会社は〝自己分析〟をしてはいけない 39



## 第3章 ターゲット国は絞りすぎてはいけない 59

## 第6章 今日からできる、客単価アップを実現する「接客術」

# 第8章 強固な経営基盤を形成する人材の育成と採用 201

# 第1章

# ストーリーで見る小さな会社の【売上倍増計画】



INBOUND

## 老舗温泉旅館：離れの転用と文化体験サービスの提供で売上が倍増に

北関東の深い山々に囲まれた場所に、「大和温泉旅館」という老舗の宿があります。この静かな隠れ家は、3世紀以上もの間、日本独特の旅館文化と、豊かな温泉文化を体現してきました。伝統的な畳の部屋や木造の外観が特徴で、主に日本人の富裕層が心の平安と再生を求めて訪れる場所でした。

しかし、時代が流れるにつれて、大和温泉旅館を取り巻く状況は大きく変わりました。最大の出来事は、同旅館のあるエリアに、サービスレベルが高いことで有名なハイエンドの外資系ホテルが進出してきたことです。

既存客の半数以上が、老舗が持っていた〝味わい〟よりも〝快適さ〟を求めて離れていってしまいました。追い打ちをかけるかのように、個室利用ができることから人気だった「離れ」の水回りが老朽化し、更新の必要が出てきました。

6代目の女将、由美子さんの頭には「廃業」の2文字が常によぎっていました。しかし、それと同時に彼女はこの先祖伝来の家と、それが持つ思い出を深く愛していました。

「私の代で伝統あるこの旅館の歴史を途絶えさせるわけにはいかない」

ある夜、インターネットを閲覧していると、外国人観光客が〝本物の日本文化〟を体験したいというトレンドを発見しました。

そこで由美子さんは、水回りのリフォームが必要だった「離れ」を文化体験ができる場所へと転換することにしました。「離れ」で行っていた個室対応をやめたのです。

具体的には、2つのことを行いました。

大和温泉旅館のある地域の人たちが代々引き継いできた「伝統芸能」を、宿泊者サービスとして盛り込みました。

外国人観光客向けにアレンジするのではなく、地域の方々に協力を依頼し、地域の方々が引き継いできた〝ありのままのもの〟を夕食後に披露することにしたのです。その代わり、英語でつくった資料を事前に渡し、一つひとつの歌や踊りにどういった意味があるのかや、文化継承のためにどのような苦労があるのかを伝えるようにしました。

さらに、オプションとして地域で活動している書道、茶道、着物の着付けの先生を紹介するマッチングサービスも整えました。このマッチングサービスによって夕食後以外にも

「離れ」を使ってもらえる可能性を広げたのです。

もともと同旅館には月に3〜5組の外国人観光客が来ていました。まずはそうした方々に、PRとサービスの改善を兼ねて宿泊料金を据え置いて、先のサービスを無料で提供しました。すると、そのなかの外国人観光客に、知る人ぞ知る旅行ブロガーがいました。感動したそのブロガーは、「すぐにきちんと利益の出る仕組みにしたほうがいい」と助言。それと同時に、そのブロガーは、体験記の記事を掲載してくれました。

伝統芸能の見学に関しては宿泊料金に含めるプランを用意し、その分、宿泊代金を大幅に上げることにしました。マッチングサービスに関しては、有料サービスにし、その代わり旅館に到着した後でも体験予約を申し込める体制を整えました。

その結果、またたくまにクチコミサイトを中心に、評判が広がっていきました。

実は、外国人観光客の売上が大きく伸びたことと同時に、別の嬉しい誤算もありました。「離れ」での個室対応をやめたことで、顧客対応のオペレーションが効率化され、外国人客だけでなく、日本人客においても、通常の接客に関する満足度が向上したのです。

変革前後の売上を比較してみます。月間売上は平均約260万円、稼働率は20％でしたが、変革後は月間売上平均600万円、稼働率は50％となりました。稼働率が上がった分だけ人件費も嵩むと考えていましたが、「離れ」での個室対応をやめたため、人件費の増加は想定よりも抑えることができました。
**外国人観光客の利用は月3～5組からおよそ10倍の月30～50組**になりました。顧客全体に占める割合が半分を超えるときも珍しくありません。

## 独立系ビジネスホテル：クチコミやレビューから自己分析し、集客戦略を変更したことで外国人客数が20倍に

人口30万人の中核都市にある小さな湖の近くに、「湖景ホテル」という独立系のホテルがありました。湖景ホテルは旅館として1960年に開業したものの、30年後の1990年に行った大幅な改修をきっかけにビジネスホテルに転換しました。というのも、その中核都市が積極的な企業誘致を行い、産業都市として発展したためです。したがって、改修に際しては、企業の研修スペースも用意しました。

その結果、安定した一定のビジネス利用が得られました。しかし、そこからさらに約20年の時を経て状況は変わってきました。いくつかの企業が撤退・廃業したため、客室稼働率は低空飛行を続けることになったのです。

そんなあるとき、経営陣の1人が地元の商工会議所が行う売上アップセミナーでインバウンドという市場を知り、さっそく外国人客の受け入れを強化する方針を採ることにしました。

まずはセミナーで言及され、可能性を感じていたＦＩＴ（Foreign Independent Tour/Travel）と呼ばれる個人の外国人観光客の集客を目指しました。具体的にはＯＴＡ（Online Travel Agency）と呼ばれるグローバルに展開する宿泊予約サイトに掲載したのです。

ほどなくして、ポツポツと外国人観光客の姿が見えるようになりました。これが軌道に乗ってくれれば、経営的にとても助かるとホッとしたのもつかのま、ある問題に直面しました。グーグルマップとトリップアドバイザーなどのクチコミサイト、そしてＯＴＡのレビューで、サービス内容と立地に関する不満の声が複数届いたのです。

ただ、「一過性のものだろう」と特段の対策は取りませんでした。というよりも、対策の方法がわからなかったと言ったほうが正しい状況でした。結果、ＯＴＡを経由してやってくる個人の外国人観光客は、ほとんどゼロに近い状態になっていきました。

そこで経営陣は、入社5年目の若手社員の1人をインバウンド担当に任命することにしました。というのも、全体の売上に占める外国人観光客の割合はとても少なかったからです。仮に失敗しても大きなダメージにはならないと判断し、若手社員にインバウンド施策を委ねることにしたのです。

一方、海外旅行好きが高じて、ホテル業界に入ってきたその若手社員は、やる気に溢れていました。普段から「こうすればいいのに」ということを感じ、意見を述べても、50代と60代の経営陣は「うちはこうやってきたから」と聞く耳を持ってくれなかったからです。

さっそく同若手社員は、具体的な改善策を模索するために、外国人観光客から寄せられたクチコミやレビューを検証してみました。すると、「郊外にあるホテルなのに部屋が狭すぎる」「駅から遠いうえ、路線バスも2時間に1本しかない」「近隣に魅力的な飲食店がない」といった評価が目立つことに気が付きました。

その結果、導き出したのは、「うちのようなビジネスホテルは個人客向きではない」ということでした。

実際、自分自身が海外旅行で泊まるなら、湖景ホテルではなく駅前のビジネスホテルか、日本らしい温泉旅館を選ぶだろうなと思ったのです。

ただ、問題点こそ見えてきたものの、具体的にどうすればいいのかはわからなかったため、売上アップセミナーを主催した商工会の担当者に問い合わせました。そこで「インバウンド対応アドバイザー派遣事業」という制度があることを知りました。

その制度を活用し、インバウンドの専門家に来てもらったところ、その若手社員が感じた通り、「個人旅行を対象にするのは得策ではない」と言われ、次のような助言をもらいました。

「大型バスが停められる十分な駐車スペースがあるし、高速道路のインターチェンジからも遠くない。研修スペースも朝食会場として使えるので、団体ツアー客向きだと思う。旅行会社にアプローチしてみたら、興味を持ってもらえるのではないか」

ちょうど次の休みに行こうと計画していた香港に、訪日団体旅行を扱う旅行会社があることを知った若手社員は、旅行のついでにダメ元で直接交渉をしてみようと考えました。すると、意外なことに前向きな返事がもらえたのです。

月に5組（約10人）程度だった外国人観光客は、月に4回ほど団体旅行を受け入れるようになりました。1回の受入人数は平均50人。もちろん客単価と利益率が異なるため単純比較はできませんが、**宿泊者数は10人から200人へと20倍に跳ね上がりました。**

# ハンバーグ店：肉が自慢のレストランがベジタリアンメニューを開発して得た名声

数多くのレストランがところ狭しと並ぶ、東京郊外の駅からほど近くにある中規模の商店街に店舗を構える「肉匠のハンバーグ」は、その絶品のハンバーグで地元の人々から絶大な支持を受けているお店でした。店主の田中さんは、厳選された国産の牛肉を使用し、独自の調理法で柔らかく、ジューシーなハンバーグを提供しています。

数年前まで、このレストランは主に地元の客や国内の観光客をターゲットにしていました。しかし、燃料費の高騰で肉の仕入値や水道光熱費などの固定費が上がってきたにもかかわらず、こだわり系ハンバーグレストランのチェーン展開による影響で客単価の低下を余儀なくされたこと、「肉匠のハンバーグ」がある商店街に素人目にもわかるほど外国人観光客の姿が増えたことの2つの理由から、田中さんは新たなビジョンを持つようになりました。

それは外国人観光客に「肉匠のハンバーグ」の美味しさを知ってもらい、ゆくゆくは日本のハンバーグを引っ提げて、海外進出をすることです。

そこで英語のメニューを用意し、ホームページを多言語対応させました。最寄り駅の看板には、英語を記載した広告も掲示しました。

「これでうちも外国人観光客の恩恵を受けられるだろう」と考えていましたが、そう甘くはなく、すぐに効果が出ることはありませんでした。


来店さえしてもらえれば、必ずウケるはずという自信を持っていた田中さんは、知り合いを通じて、インバウンド向けのネットメディアでライターをしているというオーストラリア人のボブさんを招待することにしました。

さっそく自慢のハンバーグを振る舞ったのですが、返ってきたのはこんなコメントでした。

「確かに美味しいのですが、それだけですね。美味しいだけでは、肉系レストランが数多くあるなかで（外国人観光客に対して）差別化するのは難しいかもしれません。独自の調理法が売りということなので、そのスキルを使ってあえてベジタリアン向けの豆腐100％のハンバーグを開発してみたらどうですか？」

突拍子もない提案に思えた田中さんでしたが、ボブさんの顔は真剣そのもの。「本気ですか？」と聞くと、ボブさんはこう言いました。

「本気ですよ。実際、外国人観光客がよく使うクチコミサイトを覗いてみてください。上位に入ってくるのは、ベジタリアン対応メニューを提供しているお店ばかりですよ」

自分でも調べてみると、ボブさんの意見は本当でした。そこで「ものは試し」と、田中さんは豆腐100%でつくる究極のハンバーグの開発を目指しました。

加えて、田中さんは調理過程を客席から見える場所に移動させました。ボブさんに言われてチェックしてみたクチコミサイトで、「ライブ感」や「調理の演出」を褒めるクチコミが目に留まったからです。

従来のこだわりのハンバーグに加え、「ベジタリアン対応のハンバーグメニュー」と「調理のライブ感」という要素を加えると、ボブさんが書いてくれた「こだわりのハンバーグ屋がつくる〝豆腐100%のハンバーグ〟が凄かった」という記事も後押しになって、少しずつ外国人観光客が集まるようになっていきました。

その結果、「肉匠のハンバーグ」はまたたくまにクチコミサイトのランキングが上昇し、ついには「エリアナンバー1」の称号を得るにまで至りました。クチコミサイトにはこんな書き込みもありました。

「先月、8人のグループ旅行で日本に行きました。実は、私たちグループのなかには1人だけベジタリアンがいて、どこのレストランに入ったらいいか迷っていました。そのときに、偶然ですが、〝豆腐100%のハンバーグ〟と書いてある『肉匠のハンバーグ』を見つけたので入ってみました。その選択は大正解でした」

〝豆腐100%のハンバーグ〟の評判は海を渡り、イスラム教徒の多い東南アジアの国のニュースで取り上げられたこともありました。さらにニュースを見たその国最大のレストランチェーンから「レシピのライセンス契約を結ばせてくれないか」という連絡もありました。

そのライセンス契約の話こそ断ったものの、その連絡が縁となってメニュー開発のコンサルティング仕事を受注し、定期的に東南アジアへ渡るようになりました。

今では、「あの田中さんがやっているレストラン」ということで、**それまで多かった欧米客に加えて、ヒジャブをつけた外国人観光客の姿もひっきりなしにやってくる**ようになっています。

## 土産物店：外国語ができなくても、やる気さえあれば需要を掘り起こせる

かつて、地域随一の観光名所に向かう街道沿いにあった「千客万来」という土産物店は、地域の名前が書かれた箱菓子を積み上げ、キーホルダーやえんぴつ、扇子などの小物を並べ、大きめの冷蔵庫にはミネラルウォーターと清涼飲料水を置くだけで商売が成り立っていました。駅ならびに駅に隣接した駐車場と、観光名所の間に位置していたこともあって、店の前を通りかかる観光客の数が多かったからです。

しかし、時代は変わって観光名所に近接した土地に、最新型の駐車場が整備されました。その結果、街道を歩いて観光名所に向かう日本人観光客の数は、めっきり減ってしまいました。

当然、「千客万来」の客足は鈍くなり、売上はピーク時の5分の1程度に減ってしまいました。

店を畳むことも考えていた店主の佐藤さんですが、これまで意識したことがなかった30

分に1本の電車に乗ってくる外国人観光客の観光名所に向かっていく姿に気付き、次のように思ったそうです。

「今まで意識したことがなかったけれど、あの人たちにお土産が売れるかもしれない」

しかし、アプローチしようにも言葉がわかりません。ごくたまに来店してもらえても、まったくコミュニケーションが取れないため、売れ行きは芳しくありません。

にっちもさっちもいかない佐藤さんに転機が訪れたのは、イギリスから来たという女性との出会いからでした。

とある真夏日。その女性は佐藤さんのお店に入ると、「すみません。そのお水をください」と日本語で話しかけてきました。しかし、ちょうどそのミネラルウォーターは冷やし始めたばかりだったため、「よかったらどうぞ」と冷たい麦茶を無料で出してあげました。

どうやらそのイギリス人女性のエニーさんは日本語が話せるらしく、佐藤さんに自分のことを話し出しました。そこでわかったのは、エニーさんはALT（外国語指導助手）として隣町の中学校で働いているということでした。

一方の佐藤さんも外国人観光客にお土産を売りたいと思っていることと、言葉の壁があって、うまく接客ができないことを伝えました。

するとエニーさんは、どんな土産物があるのか、値段はいくらなのかなどお店のことを事細かく聞いていきました。そして、「だいたいお店のことはわかったわ。1週間後にまた来ます」との言葉を残して、お店を去っていきました。

1週間後、ニコニコ笑いながらやってきたエニーさんは、佐藤さんに紙袋を差し出しました。そこに入っていたのは、英語で書かれたウェルカムボード（佐藤さんの似顔絵付き）と英語の商品説明が書かれたPOP、そして接客に使える指差し英会話のシートでした。

たどたどしくはあるものの、それらを使った接客によって、外国人観光客の売上は少しずつ伸びていきました。

もちろんうまくいかないときもありましたが、積極的に声をかけるだけで売上が変わっていき、佐藤さんの心の内も変わっていきました。

「もっとたくさん売りたい」

数カ月後。エニーさんが再訪してくれた際、佐藤さんは素直にその気持ちを打ち明けました。

そこで佐藤さんとエニーさんは、1カ月をかけて、どこの国からの観光客が多いのか、どうすればもっと買い物がしたくなるか、地道なアンケート調査を行っていきました。その結果、欧米よりもアジア各国からの観光客のほうが多いこと、そのお店やその土地でしか買えないものにニーズがあること、免税制度が使えればもっと購入したくなることなどがわかってきました。

不慣れながらも、佐藤さんとエニーさんは並べる商品に工夫を凝らし、免税制度にも対応しました。すると、**売上は観光名所の横に駐車場ができる前を超えるのがあたりまえという状況に変わった**のです。

この経験がきっかけとなって、エニーさんはALTの契約期間を終えた後、そのエリアの観光マネジメントとマーケティングを担う、DMO（観光地域づくり法人）に就職し、外国人観光客を地域に呼び寄せるキーパーソンになりました。佐藤さんはときどきインバウンド施策のためのセミナーに呼ばれては、「こんな私でもできた」という成功事例を披露しています。

## ラーメン屋：アイドルタイムの有効活用を体験ツアー事業者とともに模索した

関西に「風雅ラーメン」という3店舗を構えるラーメン屋があります。同店は、大阪に2店舗、京都に1店舗出店しています。

いずれのエリアも、ラーメン激戦区として知られ、「美味しいラーメン」という特徴だけでは商売としてどんどん厳しい方向に追い込まれています。風雅ラーメンも、例に漏れず売上は頭打ち状態が続きました。

何とか収益性を高められないかと頭を抱えた経営者の斎藤さんは、東京で開催されているインバウンドセミナーに参加してみることにしました。

同セミナーのなかで斎藤さんが最も印象に残ったのは、「外国人観光客の売上を伸ばしたいならば、体験要素を入れるべき」という情報でした。

そこで風雅ラーメンでは、麺の手打ち体験サービスを導入しました。自分で食べるラーメンの麺を自分で手打ちできるようにしたのです。

しかし、店のオペレーションは悪くなり、体験サービスに応対するスタッフは精神的な疲労から店に対する愛着度（エンゲージメント）が下がり、退職率が上がってしまいました。店の回転も悪くなり、1日あたりの顧客数も減少するなど、散々な状況でした。

どうすれば収益性を高める体験要素を入れられるのだろうかと、泣きすがる思いでインバウンドセミナーの主催者に連絡を入れたところ、紹介を受けたのが関西を中心に体験アクティビティを開催しているツアー事業者でした。

その体験ツアーの事業者が提案してきたのは、「通常の営業時間はこれまで通りにして、別でアイドルタイムに体験型のサービスを導入してはどうか」というものでした。

ただ、斎藤さんはあまり乗り気がしませんでした。というのも、先に記したような失敗をした記憶があったからです。

「それなら」と次に提案してきたのが、同社が行っている「街歩きラーメンツアー」のなかの1つのコンテンツとして、風雅ラーメンを利用するというものでした。

ラーメンの提供自体は風雅ラーメンのスタッフが行うものの、ツアーの案内役はツアー事業者側で担うという提案です。具体的には、ツアーのなかで行うラーメンのこだわりに関する説明や店の歴史、ラーメン屋のなかで販売しているアメニティグッズの案内などをツアーガイドが英語で行ってくれるというのです。

利益の半分はツアー事業者が取り分としてもらうものの、収益源が増えることに加え、アメニティグッズの販売分はお店が100％もらうということで、悪い話には聞こえませんでした。

ゆくゆくは、ツアーガイドのノウハウを風雅ラーメンのスタッフが学んでいき、完全な自主運営ツアーとして催行することもできるということで、やってみることになりました。

いざ蓋を開けてみると、**またたくまに人気のツアーとなり、店のアイドルタイムであることを考えると、十分すぎる収益になった**といえます。

加えて、そのツアーに参加した外国人観光客からは、「美味しいラーメン屋！」というクチコミサイトへの英語での投稿があったり、リアルのクチコミでツアー参加者の友人が個人客として食べに来てくれたりと、嬉しい誤算もありました。

次は、お店の休業日を使った「スープから始めるラーメンづくり体験」というコンテンツも計画中です。

## 体験事業者：新規サイクリングツアーでライトな層の集客を目指した理由

太田さんは、日本の美しい風景や豊かな文化に魅せられ、サイクリングを趣味としていました。彼の夢は、自分が生まれ育った田舎の魅力を多くの人々、特に外国人観光客に体験してもらうことでした。そこで太田さんは、サイクリングツアー事業をゼロから立ち上げることを決意しました。

最初のステップとして、彼は日本全国の美しいサイクリングコースや見どころをリサーチしました。太田さんは、風光明媚な地域や歴史的な名所をもつ地域をピックアップするのではなく、どこにでもあるような田園風景をもつ田舎を舞台に催行しているツアー事業者ばかりを視察しました。なぜなら自分が生まれ育った田舎も、特別な観光の目玉があるわけではなかったからです。

次に、既存のサイクリングツアーに参加した外国人観光客が発信したとみられるインターネット上の書き込みやリアルの場のクチコミを集めていきました。そこで見えてきたのは、自分がやるべきこととやるべきではないことでした。

やるべきことは、英語やその他の主要な言語での「サイクリングマップ」の作成で、このマップには、サイクリングルートの詳細、地域のおすすめスポット、安全にサイクリングを楽しむためのアドバイスなどを細かく記載していきました。

一方で、高度なサイクリング技術が要求されるコースを主体とするツアーは、やらないこと(やるべきではないこと)に決めました。プロやセミプロ、アマチュアのなかでもハイエンドな層が使っているような自転車を使うのも避けました。

調べた限り、そうした高クオリティの自転車を使いたがるような人が体験ツアーに参加する率はかなり低いうえ、走行スピードが速すぎると、地域の魅力を存分に味わうことができなくなってしまうからです。

ゆっくりと景色を眺め、たまに農作業中の住民と触れ合いながら地域をまるごと体感してもらうことこそが、高い満足度を担保すると考えたのです。

そのようにして準備を整えたものの、最初はなかなか参加者が集まりませんでした。クチコミサイトにしてもグーグルにしても、評価がゼロやゼロに近い事業者は、敬遠する傾向にあるからです。

そこで太田さんは、ネット上のクチコミには左右されない、リアルな現場での呼び込みに奔走することを決めました。

具体的には、地域のなかで最も外国人観光客の宿泊者が多いゲストハウスにチラシとクーポンを置かせてもらったり、最寄りのターミナル駅にあるホテルのコンシェルジュをサイクリングツアーに招待し、体験してもらうことで、コンシェルジュ自身の生の言葉でツアーを推奨してもらえるようにしたりしました。

それでも人が集まらない日は、ターミナル駅まで自ら足を運び、自分の手でチラシを配るということもやりました。

その結果、**少しずつではあるものの、サイクリングツアーの参加者は増えていきました。**

今は太田さんが実質1人で会社をまわしていますが、ゆくゆくは従業員の数も増やしていこうと計画を練っているところです。

※本章のストーリーはすべてフィクションであり、登場人物の名前も会社名もすべて架空のものです。

# 第2章

# 小さな会社は“自己分析”をしてはいけない

小さな会社のインバウンド売上倍増計画

INBOUND

# 1 自社の魅力や強みは自分で考えてはいけない

みなさんは、自社の魅力を把握していますか？　経営者や会社の経営に関わるような役職の方、あるいはインバウンド関連部署の責任者であれば、「わかっている」という人も多いと思います。でも、少し立ち止まって考えてみてください。

例えば、「うちの魅力は創業以来、こだわり続けている〇〇だ」というものがあったとします。もちろんそれがあなたの会社の魅力や強みである可能性は高いでしょう。

しかし、顧客対象をインバウンドとしたときには、もとよりみなさんが考えてきた自己分析を再構築しなければなりません。

外国人観光客に対しては、自分たちで考えていた魅力や強みが、彼らの琴線にまったく触れていないこともあるからです。実際、私はそうしたケースをたくさん見てきました。

インバウンドにも人気の、とある宿泊施設の経営者Aさんが私にこう相談してきたことがありました。

「インバウンドが来てくれるのはありがたいけれど、頻繁に現場スタッフとトラブルが起きている。トラブルを回避するために、同じインバウンドでも、これからは富裕層を呼ぶ方向に舵を取りたい」

この方のおっしゃりたいことはよくわかります。経営者として、現場スタッフのウェルビーイング（心身が健康な状態）は非常に重要です。顧客単価を上げようという考え方自体も、〝悪くない〟どころか〝素晴らしいこと〟だと私は考えています。しかし私はこう答えました。

**「インバウンドの富裕層に対して、Aさんの宿泊施設は魅力的でしょうか？　競合に対して優位性（強み）があるでしょうか？」**

これに対してAさんは眉をひそめて言いました。

「現状、インバウンドのお客さんが5割、時期によっては8割も来ている。これが、うちの魅力がインバウンドのみなさんに受け入れられている証拠でしょう。富裕層が来ていないのは、マーケティングが足りていないからだと思う。だからこそ、私はいま、あなたにアドバイスを求めているんですよ」

結論からいえば、Aさんの宿泊施設のインフラでは、富裕層に受け入れられないのは明らかで、インバウンドのなかでも、低価格帯〜中間層に対しては強みがある。そんな状況でした。

私が言いたいのは、「みなさんの会社がもっている魅力や強みとは、〝誰に対してのもの

## 自社の魅力や強みは自分で考えてはいけない

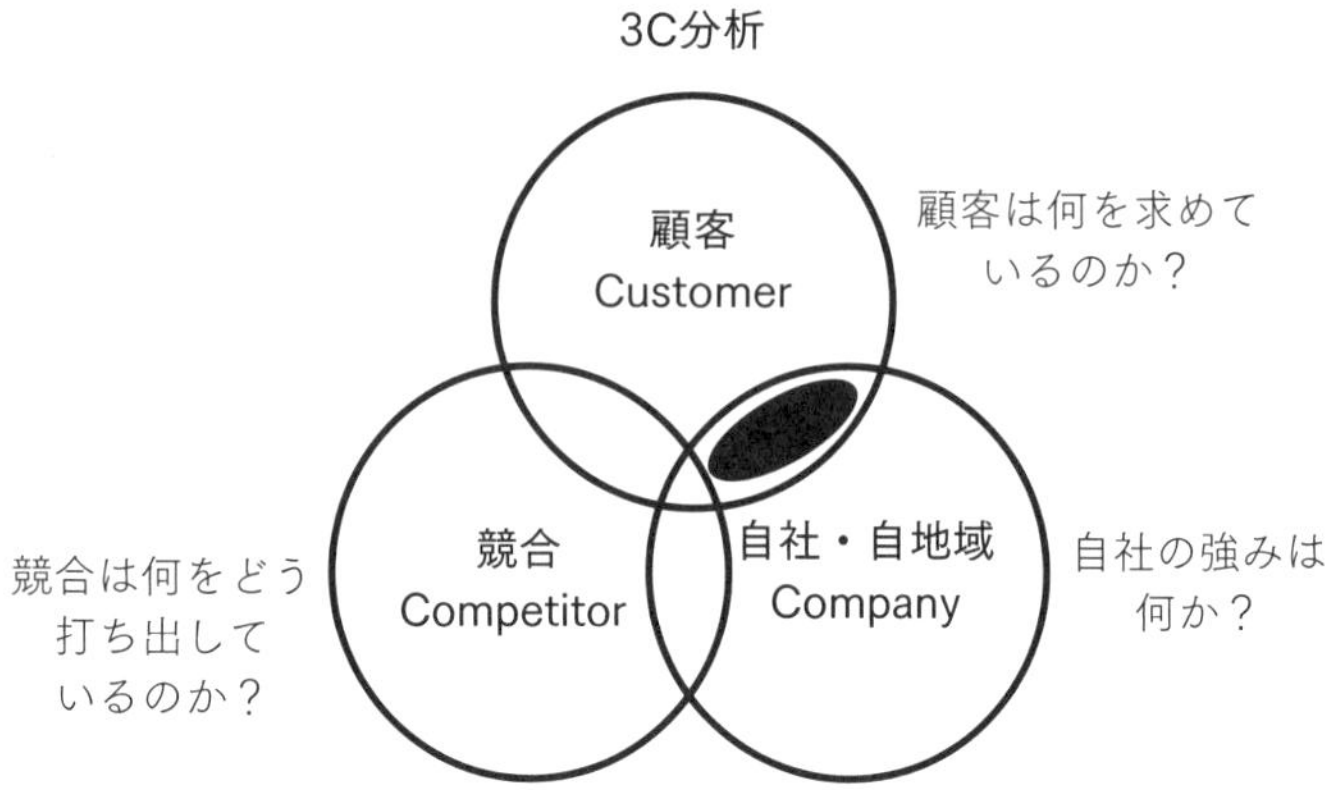
3C分析
顧客
Customer
顧客は何を求めているのか？
競合
Competitor
競合は何をどう打ち出しているのか？
自社・自地域
Company
自社の強みは何か？

なのか〟を考えなくてはならない」ということです。**相手によって自社の魅力や強みは変わる**からです。

それならば、相手に合わせた形で自己分析をして、魅力や強みを考えればいいのではないかと思われるかもしれませんが、それは次の2つの理由から賢明ではないと考えています。

1つは、経営に関わるみなさんだからこそ、客観的な視点で自己分析することが難しくなっていること。もちろんこだわりがあればあるほど、その会社はインバウンドに受け入れられるポテンシャルが高いのですが、こだわりが強いゆえに、そのことに縛られてしまいがちだということです。

もう1つは、顧客対象がインバウンドであるため、顧客インサイト（購買意欲の核となる要素）が非常に見えづらいことです。顧客対象が日本人であれば、なんとなく肌感覚で、どんなニーズがあるのか、何が欲しくて自社を選んでいるのか、もしくは選んでいないのかが想像できます。しかし、インバウンドはそうではありません。何を考えているのかよくわからない。アジアの方もいれば、欧米の方もいる、アフリカや中東の方もいる。振れ幅も多様性も非常に大きいわけです。

もちろん経営者の方が、海外経験が非常に豊富で、現在進行形で世界中を飛び回っているのであれば、自己分析によって客観的に自社の魅力や強みを捉えることはできます。でも、それは私の経験上、とても特殊なケースです。

ですから、インバウンド対策として考えたときには、やはり会社の自己分析は経営者自身を含め、今いる日本人のメンバーだけで考えることはやめたほうが賢明です。

## 2　誰がインバウンド目線を持っているのか把握する

前項で、今いる日本人のメンバーだけで考えるのは得策ではないと書きました。それでは、インバウンド目線、すなわち外国人目線をもっているのは誰でしょうか。言わずもがな、顧客であるインバウンドになります。

しかし、多くの方はここで立ち止まってしまいます。というのもインバウンドと一言でいっても、その対象は先に述べたように一様ではないからです。国や地域は200以上ありますし、世代も、旅行形態も、趣味趣向も、宗教や生活様式、文化などに至るまで、あらゆるものが本当に多種多様です。

**そこで私が推奨したいのは、まずは目の前まで来ている外国人観光客に聞いてみるということです。**何が魅力で訪れてくれたのか、実際に来てみてその魅力はどうだったのか、何が良くて何が悪かったのか、改善点はどこにあるのかを把握していくのです。

まずは、「どこから来たのか」「何を見て知ったのか」「実際にサービスを受けてみてどうだったのか」を口頭で聞いていくのが一番のベースになってきます。

パパママ・ストア、すなわち夫婦とその家族で経営しているような会社であれば、自分で聞くということになります。顧客と接する現場をスタッフに任せているような中小企業の場合には、スタッフに業務の1つとしてヒアリングをしてもらいましょう。

ヒアリング内容は、日報を通じてスタッフ全員で情報共有していきます。朝礼をしている会社であれば、そこでシェアしていくのもいいでしょう。週次のマネジャー会議で報告の時間を設けることも考えられます。

インバウンドの来店がほぼ皆無のような場合は、お店の前の通りを歩いている人、近隣にある駅やバス停に来ている人、最寄りのターミナル駅といった場所でヒアリング協力を仰ぐというのも一つの手です。

見込み客に聞くという方法もあります。

わかりやすくいえば、お寿司屋さんであれば、お寿司が好きな外国人が見込み客となります。知人や知り合いのつてで見つかるようであれば、ぜひお願いしてみましょう。自治体やDMOといった地域の団体に問い合わせてみると、在日外国人との接点を取り持ってくれることもあります。

ただ、先ほどの例でいえば、お寿司が好きな外国人が見込み客であるのに、紹介してもらった人がお寿司は苦手でラーメンが大好き、みたいなこともままあります。いずれにしても、見込み客の選定には注意が必要です。

また、インバウンド目線を誰がもっているのかを考えるときに、ときどき経営者の方が自信満々に「自分がもっている」とおっしゃられることがあります。よくよく話を聞いてみると、「20年前にオーストラリアに留学していた」とか「10年前に中国に駐在していた」、あるいは「15年前に東南アジアに進出しようとして、タイに住んでみたことがある」といった感じなのですが、もちろんそれらのご経験は、あるに越したことはありませんが、その経験をもってしてインバウンド目線をもっているというのはやや危険が伴います。10年前、20年前はもはや昔話として捉えるべきだからです。

例えば「中国人は冷たいビールを飲まない」という固定観念をもっている経営者の方もいました。果たしてそれはリアルな中国人観光客の最新情報でしょうか。個人的なピンポイントの情報で、しかも古いとなってくると、ピントのズレたインバウンド対策をしてしまいがちです。

こだわりが強すぎて、マーケットインの発想が皆無、とにかく自分たちの思い込み（プロダクトアウト）だけで進んでしまっているインバウンド対策をたくさん見てきましたので、ぜひこの機会に自社のことを見直してみてください。

## 3　外国人観光客にアンケートを取る

自社の魅力や強みを把握するうえで、ヒアリングよりもさらに効果的なのがアンケート調査を行うことです。

ホテルであればフロントや客室、飲食店であればテーブルやレジ、トイレといったところにQRコードを置き、そこにアクセスしてもらってアンケートの記入（入力）をお願いしましょう。アンケートに協力してくれた方に対しては、**「完了画面をご提示いただけたら**

**特典やサービス、アメニティグッズを付ける」**などとすることで、アンケートへの協力を促すことができます。

このアンケートでもヒアリングと同様に、何を見て来てくれたのかや、サービスに対する満足度・感想を聞くことはもちろんのこと、属性の情報も提供してもらうようにします。「どこの国から来たのか」「年齢や性別」「旅行形態」といったところを基本情報として登録してもらったうえで、「一つ前の訪問エリアはどこなのか」「次にどこのエリアに行くのか」などを答えてもらえると集客する方策につなげていくことができます。

ただ、あまりにアンケートの内容が煩雑になると、答える側の心理的ハードルが高まったり、面倒に感じて雑な答えを促してしまったりします。

せっかく良いサービスを提供していたとしても、カスタマーエクスペリエンス（体験価値）としてサービス全体の満足度の低下につながりかねないので、アンケート内容はバランスを取りながら検討していく必要があります。

極端な例ですが、30分の体験サービスを提供している場合に、10分かかるアンケートを実施していたら、当然ながら全体として満足度は下がります。「良いサービスを受けたからアンケートに協力してあげよう」という顧客心理に甘えてはいけません。これは相手が日本人であろうと外国人であろうと同じです。

こうしたアンケート調査を自前で行うハードルは、**無料でも使えるグーグルフォーム**を筆頭にしたインターネットツールの登場によって大きく下がってきています。

とはいえ、自社でアンケートを取るのは面倒だという小さな会社も多いと思います。「ヒアリングもアンケートもできない」という中小企業の経営者もいることでしょう。どちらも一定時間、相手を拘束することになるので、協力をお願いする心理的ハードルが高いからです。

その場合、**トリップアドバイザーやグーグルマップといった既存のクチコミサイトへの書き込み・投稿をお願いする**という手もあります。後述するように、この方法でも自社の魅力や強み、あるいは弱みや改善点を見つけることができます。

ちなみに外国人に関しては、投稿してもらいたい旨を直接的に伝える方法が効果を発揮する傾向が強いです。「そんなことをお願いしたら野暮だろう」と思われるかもしれませんが、私の経験上、日本人客相手ほど繊細になる必要はありません。

とにかく自社の魅力や強み、あるいは弱みに関しては、自分たちで考えるのではなく、インバウンドの目線で把握するよう努めましょう。

## 4　インターネット上のクチコミを検証しよう

クチコミサイトは自己分析の強力なツールです。定期的に検証し、様々なインバウンド対策に活用するようにしてください。

先ほどクチコミをお願いすると書きましたが、もちろんお願いしっぱなしではダメで、そのクチコミのなかには改善のヒントはもちろん、満足したポイントすなわち強みの部分も見えてくるので、それを拾い上げていくことが大切です。

例えば固有名詞で「〇〇さんが良かった」などと書いてくれた場合、経営層やマネジャーがきちんとスタッフを評価したうえで、さらなる対策に落とし込んでいくようにします。**褒められた部分をホームページやチラシに反映させていく**と、スタッフのモチベーション向上にもつながっていきます。

自分たちの魅力がサービス内容だと思い込んでいたとしても、実は立地のほうに言及するクチコミのほうが多いといったケースもあります。そこは素直に立地を魅力として捉え、打ち出していくといいでしょう。

クチコミから改善点や弱みを見つけられることも少なくありません。

ロケーションが悪いと書かれた場合、住所自体を変えることは難しいと思いますが、きちんとその内容を精査すると対策が見えてくることもあります。

我々のクライアントの京都にある宿泊施設でも、ロケーションに関して好ましくないクチコミが書き込まれていたことがありました。ただ、そのクチコミをつぶさに見ていくと、入り口がわかりづらく、道に迷われたような記述がありました。そこでその宿泊施設では看板の設置場所やデザインを再検討し、改善することで立地に関する悪いクチコミを減らすことができました。

第5章などでも詳しく触れますが、クチコミに対してはフィードバックもしていくように心がけます。たとえそれが良い評価であっても悪い評価であっても、スルーするのではなく書き込んでくれたことに対して感謝を表し、それをどう次に役立てたのかや、どう活かしていこうと考えているのかを表明すると、全体的なクチコミ評価というものは上がっていきやすくなります。

こうしたクチコミサイトを通じた自己分析に関しては、「自分は若くないから若手に全面的に任せる」という経営者もいます。

しかし、インバウンドビジネスを会社の売上のひとつの柱にしていこうと考えているのならば、クチコミは経営の根幹部分であると私は考えています。特に**インバウンドというのは、新規事業の立ち上げと同様に、入社してすぐの経験の浅い新人社員には適していない場合も少なくありません。**

「よくわからないから若手に任せたらうまくいった」という武勇伝も耳にするかもしれません。ただ私が見ている限りは、若手社員に決裁権を与えると同時に、経営者自身も最低限のことは勉強しているケースが多いです。

少し余談になってしまいましたが、自社の強みや魅力を把握するうえで、クチコミも大いに活用できますので、ヒアリングやアンケートなどと並行して検証していくようにしましょう。

## 5　自己分析を外部に委託するときのコツ

自己分析をするために外部のモニターを活用するという方法もあります。

近年では、インバウンドを対象にしたモニターツアーがよく見られます。見込み客に近い外国人の方にサービスを提供して、評価をもらう方法です。いかに実際の顧客に近い相手にお願いできるかが大きなポイントになりますが、それは容易なことではありません。

そこで比較的ハードルが低い方法としては、**地元に在住している外国人の方にアプローチする**というものがあります。

多くの自治体にはＡＬＴ（Assistant Language Teacher）と呼ばれる外国語指導助手や、ＣＩＲ（Coordinator for International Relations）という国際交流員などが所属しているため、自治体の国際交流担当部局などにコンタクトを取ると接点が得られる場合があります。

そういう地元に住んでいる外国人の方々のなかでも、特に在日経験が浅い方は新鮮な感覚をもっているので、見込み客に近い率直な意見を聞き出せる可能性があるのです。

そういった方々に実際のありのままのサービスを体験してもらうことで、何が魅力なのか、どんな強みがあるのか、外国人目線で何が響きそうなのかを検証していくことができます。

従業員や知人を含めたつてをたどって地域在住の外国人人材を探していく方法もあります。

地域によっては、インバウンドの専門家に依頼する費用を補助するような施策を採っているところもありますので、大いに活用していきましょう。ただ**インバウンドの専門家派遣事業のような地域や国の施策を活用する場合には、注意も必要です。**

先ほども書きましたが、インバウンドの専門家といっても、そのインバウンド自体が非常に多種多様なものですので、その専門家がインバウンドのなかでもどんなことに詳しいのかを見ていかなければなりません。わかりやすくいえば、「中国人観光客に詳しくても、タイ人観光客はあまりよくわかっていない」とか、「団体ツアーに関してはよく知っているけれど、個人客のことはまったく理解していない」といったことがあります。

専門外のことを依頼するわけがない、と思われる方もいるかもしれませんが、実はそうでもありません。

というのも、私の経験上、専門家に依頼をする場合、かなりの確率で自分よりもインバウンドに詳しい知り合いに「誰かいい人を知らない?」と聞きます。このとき、相談された側は、良かれと思って「○○さんがインバウンドに詳しいらしい」「○○の地域でインバウンドの集客に成功していると聞いた」と答えます。

こうした言葉なり助言を鵜呑みにしてしまうことで、〝専門外〟のインバウンドの〝専門家〟に依頼することになってしまうのです。もしくは国や自治体のお墨付きがあるからその方の専門分野に関係なく手放しで信頼してしまうということもあります。

呼ばれた専門家も、当然自分のできる限りのことはしようとするので、明後日の方向に進んだまま、時間とお金を無駄に使ってしまったということが見受けられます。

小さな会社とはいえ、ある程度の予算をかけられる場合、別の方策も考えられます。これはあくまで仮にですが、100万円をかけてモニターツアーを組む場合を考えてみましょう。インバウンド全般に詳しい日本人コーディネーターの1人と打ち合わせをしたうえで、その人を通じて外国人の専門家を呼んでもらい、その2人で現地に足を運んで体験し、後日に日本人コーディネーターがまとめたフィードバックをアウトプットとして提出してもらうといった形になります。

**インバウンドに特化した旅行会社を活用する**という手もあります。そういった会社はインバウンドのお客様と直に繋がっているので、自己分析からはやや飛躍してしまいますが、具体的なニーズを踏まえつつ、その商品を見たときに売れるか売れないか、どこを変えたほうがいいのか、値段設定は適切かといった具体性をもったフィードバックがもらえます。

このように、海外の旅行会社を直接招聘してアドバイスを求めることもできるのですが、これは自治体等の予算を使って実施するレベルの施策となるので、規模の小さな会社が単独で行うのは、難しいかもしれません。

そこで、海外の旅行会社と繋がり、日本国内にあるＤＭＣ（Destination Management Company）を利用するのもひとつの方法です。ＤＭＣには欧米富裕層に特化する会社からアジアの団体旅行専門、また、ゴルフやアドベンチャーなどテーマに特化した会社など、数多く存在します。具体的には北米に強く、幅広い客層に対応する「デスティネーションアジアジャパン」やアジアからの団体旅行を扱う旅行会社が集う団体「ＡＩＳＯ（一般社団法人アジアインバウンド観光振興会）」など様々な会社や団体があります。ＤＭＣは外資系であっても日本語ができる担当者がいますし、拠点が国内にあるためアクセスも容易で、相談しやすいといった利点があります。

いずれにしても、旅行会社に相談する場合には、「大手だから間違いないだろう」「親会社が○○だから安心だ」といったことではなく、どういった専門性があるのかを見極めたうえで相談すると、相談相手にとっても自分たちにとってもプラスに働きます。場合によっては、費用をあまりかけることなく、ウィンウィンな関係性を築けることもあるでしょう。

## 6 在日外国人はインバウンド目線を持っているのか問題

自社の魅力や強みを知るうえで大切なインバウンド目線を担保するためには、ほとんどのケースで外国人の協力が欠かせないというのが私の意見ですが、だからこそ気をつけたいのが在日外国人の存在です。

20年も30年も日本に住んでいる外国人のみなさんのなかには、日本人以上に日本的な感覚をもっていらっしゃる方がいます。あるいは自国に何十年も帰国しておらず、母国の文化的な変化や社会経済状況、国全体の消費者志向をキャッチアップできていない方もいます。20年以上前に海外駐在し、そのときの経験だけをもとにして物を語る経営者の方と同じような方も少なからずいるということです。

ですから、何かしらのつてをたどって紹介された在日外国人の方に自己分析のお手伝いを依頼する場合には、ぜひその方の**プロフィールを調べ、できれば事前に打ち合わせを行って、インバウンド目線をどのようにして保っているのかも聞き出すべき**です。

これは在日外国人に限ったことではありませんが、二次情報を鵜呑みにせず、やや批評的な目線で見定めたり、場合によってはダブルチェックを行ったりしましょう。

みなさんのような経営者の方が1人で判断するのではなく、第三者の目線を入れたほうがいいということです。

さらにいえば、仮にインバウンド目線をもっている方に協力を依頼できたとしても、それはあくまで対象者の1人の意見でしかないことも、あわせて頭の片隅に入れておくべきです。

例えばインドであれば、人口は14億人以上もいます。そのうちの1人の意見ということを忘れてはなりません。いくら博識でも、14億人のすべてのニーズを把握できるはずもないからです。私自身、インドに半年ほど住んでいましたが、そもそもインドは多民族・多宗教・多言語の巨大な懐をもつ国ですので、「インド人は〇〇だ」という主語自体が破綻しているようなものです。同じことはインドだけでなく、世界のあらゆる国と地域でいえるのではないでしょうか。

# 第3章

# ターゲット国は
# 絞りすぎてはいけない

## 7 どの国を選ぶかは自治体に任せ、小さな会社はターゲット国を細かく考えない

本書をお読みのみなさんは、当然ながら「インバウンドを呼び込みたい」と考えているでしょう。ただ、前章でもお伝えしたように「インバウンド」と一口でいっても、そこには従来の日本人相手の商売では考えられないほどの多様性が存在します。あまりに茫漠としていて、「どこから手を付けたらいいのかわからない」というのがほとんどの小さな会社の本音です。そこで行き着くのが「ターゲットとなる国や地域を決めよう」という考え方となります。

実際、**観光庁**や**JNTO**（独立行政法人国際観光振興機構。通称、日本政府観光局）といった機関は、国別の訪日客数を公表していますし、ビジット・ジャパン重点市場ごとの「市場別戦略」も策定されています。市場（国や地域）別のマーケティング戦略も、調べればすぐにインターネット上で確認できます。

例えば観光庁の「2023〜2025年度インド市場訪日マーケティング戦略」のなかの全体方針として、「訪日旅行中に安心して食事が楽しめるよう、宗教や嗜好を意識した情報提供をオンラインを中心に実施する」「旅行会社を利用しての海外旅行が一般的であるという市場特性を踏まえ、旅行会社との関係の構築・強化、適時の情報発信に努める」などと掲げられています。これらの特定の市場における傾向は、決して間違っていませんし、国ごとの傾向を知るという意味では重要な情報です。

しかしながら私は、**小さな会社がターゲット国や地域を細かく規定し、その方針をもって集客していくことはオススメしません。**小さな会社では予算が限られているため、どの市場（国）を狙っていくのかは国や自治体、DMOなどに任せたほうが効率が良いからです。彼らは、どの市場の商談会に出るのか、ファムトリップ（モニターツアー）としてどの国のメディアや旅行会社を呼ぶのかといったことを考え、実行しているところが多いので、そこは思い切って任せていいと思います。

他方で、**OTA**と呼ばれるサイトがあります。宿泊施設を例にあげると、ブッキングドットコムやエクスペディアなどです。例えば、ブッキングドットコムでは、やろうと思えば市場ごとにキャンペーンを張ったり、割引プランを作ったりできます。ただ、小さな会社ではそこまでやらなくても十分に集客できるので、細かなチューニングは必要ないでしょう。いずれにせよこれらのグローバルなサイトは、海外市場に広くアプローチできるため、活用していかない手はありません。

すでにOTA経由で集客ができているのならば、OTAから来る方々がターゲットであると認識し、あまり無駄なエネルギーやコストを使わなくて済みます。

率直にいうと、個々のお店や小さな会社は、**自治体やDMOがどこを狙っているのかに任せて、そこに相乗りしていくような作戦をとる**といいのです。

私自身、地方へ行って講演会やセミナーで登壇させていただくことが多いのですが、宿泊施設、飲食店、体験事業者などの経営者のみなさんから「どこの国をターゲットにしたらいいですか?」という質問を頻繁にもらいます。そんなときの私の答えは、ほとんどのケースで「**あなたの事業がある〝地域〟がマーケティングに注力しているところをターゲットにしたらどうか**」となります。

ビジネスなのでお客さんがいなければ成り立たないということで、みなさんがその質問をするのはあたりまえなのかもしれません。ですが、現状では外貨獲得のための策略が各地で進められている現実もあるので、特に小さな会社においてはあまり考えなくていいでしょう。

そもそも国や地域を絞った集客施策には、限界が存在します。前章にも書いた通り、国や地域以外にも年代や性別、趣味、旅行形態など非常に多くの多様性が存在するからです。

そうした前提のうえで、国や地域を絞った集客施策として有効なものもあります。最大の施策は、交通アクセス（乗り物）に関することです。

わかりやすい例をあげると、「台湾からの客を地域に呼び寄せるために、台湾と地域にある空港を結ぶ直行便を就航させる」というようなことです。

みなさんの想像通り、それは1つの小さな会社の思惑でコントロールできる類いのものではありません。

メディアや商談会、旅行博を通じて国や地域を絞った集客戦略を採る場合もありますが、これらも基本的には自治体やDMOが行っていること、もしくは実行すべきことなので、小さな会社はそこに乗っかっていけばいいのです（もちろん、自治体やDMOが頼りない場合は積極的な働きかけも必要です）。

国や地域を絞った集客マーケティングは自治体やDMOなどが行うべきである、別の理由も存在します。先ほどの航空便もそうですし、よくある集客施策であるクーポンの発行・配布などでもそうですが、送客・集客のバランスが取れないと持続的にはならない、ということがあります。

仮に地域とシンガポールを結ぶ直行便を飛ばすことができ、シンガポールからその地域に来てくれる人が増えたとしても、その地域からシンガポールに行く人が増えなければ成り立っていかないということです。

地域としてシンガポールと長く太く付き合っていこうとするならば、地元住民に対してシンガポール旅行を推奨したり、お互いの特産品の輸出入をするなど経済的な交流も深めていく必要があるのです。

〝力わざ〟で国や地域を絞った集客に成功したとしても、持続していかなければ意味がありません。そして、持続的にするためには、小さな会社の努力だけでは太刀打ちできない壁というものもあるということです。

## 8 そもそもインバウンドの国・地域別、エリア別の割合と傾向を知っているか

ご存じの方も多いと思いますが、日本のエリアごとにインバウンドがどれくらい来ていい

るのかや、そのインバウンドの国・地域別の内訳などの統計的な数字があります。しかし、そのデータを把握している小さな会社は、想像以上に少ないものです。

例えば私も接点があるとある地域のＤＭＯは、現在のターゲット市場は香港と台湾で、重点的に集客施策を講じています。しかし、地域の事業者さんのお話を伺うと、そのターゲットすら伝わっていない状況があります。もちろんＤＭＯ側の発信活動が足りないといった課題もありますが、個々の小さな会社が〝個人プレー〟でなんとかしようとしてしまっていることも要因の１つであると思います。

小さな会社を経営するみなさんは、地域のインバウンド施策のまとめ役であるＤＭＯないしは自治体がインバウンドに関する様々なデータをもっていること、そしてそのデータをもとにして様々な集客・マーケティング施策を打っていることをぜひ念頭に置くようにしましょう。そして賢く連携してください。

まずは**自治体やＤＭＯときちんと接点をもつこと。そして最新情報や動向をキャッチアップすること。そして、活用という視点をもって動くこと**です。

自治体やＤＭＯと普段から関係性を築いておくとどんな可能性が広がるのでしょうか。

仮にＤＭＯ側でファムトリップを実施する場合には、自社の施設や体験サービスを使ってもらえるようになります。そのためには、単純に接点をもつということだけでなく、自社サービスへの理解度を高めるために、DMOの担当者の方には実際に体験してもらうことも必要でしょう。

もちろん自治体やDMOがもつ統計的な数字や情報は、ある程度インターネット上に公開されています。しかし、少し古い情報になってしまっている（最新情報ではない）ケースも少なくありません。あるDMOの例でいえば、2021年のデータが最新となってしまっています。コロナ禍という影響もあったので仕方ない部分もありますが、2年のタイムラグが生じています。

また、その情報もやや抽象的で、定量的なものであるとは言い難いところがあります。訪れてくれている国・地域に関しては、「台湾が最も多く、中国、アメリカとなっています」と書いてあっても、具体的な人数はどうか、どんな割合でどう推移してきているのかなどについては触れていなかったりします。

だからこそ、小さな会社は自治体やDMOの方とリアルで直接繋がっておくべきだといえます。インターネット上に公開される前の最新情報・データ、あるいは組織体制としてのアップデート情報を知ることができるからです。聞けば教えてくれるけれど、聞かないとわからない、あるいは古い情報しかアクセスできないということがあるのです。

これはこのDMOに限った話ではありません。こうしたことは自治体やDMOでは起こりがちです。

私が伝えたいことは、繰り返しになりますが、リアルで繋がっておくことで、自治体やDMOがもっている最新情報に触れることができ、そうすると連携方法が見えてきやすいということです。

## 9 旅の目的でターゲットを考えていこう

ここまでは、「小さな会社はターゲット国・地域を絞るべきではない」ということを説明してきました。この主張と少し矛盾を感じる方もいるかもしれませんが、小さな会社が集客していくうえでは、旅の目的やスタイルを軸にしたターゲティングが不可欠です。

小さな会社の経営者がインバウンドで売上を倍増させる戦略を考える際、高い確率で「国も呼び込もうとしている欧米豪を狙いたい」「お金のある中国人を呼び込みたい」といった発想からスタートしようとします。

しかし、これは失敗の原因となります。ターゲットを考えるうえでのスタート地点は、「旅の目的（スタイル）」にするべきでしょう。旅の目的やスタイルは、出身国によって決まるものではないからです。

例えば京都にある宿泊施設の「FUJITAYA BnB」は、バイク（自転車）とヨガをコンセプトにしています。自転車を部屋のなかにもち込めるよう設備を整えたり、宿泊施設内のヨガルームでアクティビティを開催したり、普通のママチャリはもちろんクロスバイクやロードバイクなどを貸し出すなどのサービスを提供しています。

清水寺や伏見稲荷大社などの有名スポットを見ることが目的の短期旅行者ではなく、同じ宿に泊まった世界中のゲストや日本人スタッフと交流したり、ローカルでマイナーなスポットを自転車であちこちまわったりすることが目的のインバウンドをターゲットにしていることがわかります。

株式会社コスモスホテルマネジメントが主宰するホテルブランドに、「MIMARU」というものがあります。インバウンドのなかには家族や近しい友人とともに同じ町に長く滞在し、ゆっくりしたいという目的の旅行者がいます。そんな目的に沿ったかたちで、MIMARUではキッチンやキッチン（テーブル）ウェアなどが付いていることはもちろん、1人あたりの料金設定ではなく、部屋単位の課金という借り方ができるところにポイントがあり、施設の立地によっては8割、9割がインバウンドというような人気の宿となっています。

例えば2家族（大人4人、子供4人）で京都に2週間滞在したいといった場合、シングルベッドが6つ備わった50平米のデラックスアパートメントというプランなどがあります。Airbnbなどの民泊予約サイトや各地で広まっている一棟貸しの宿なども、同じく旅行の目的を意識しているところが多く見られます。

こうした旅の目的は、非常に細分化されています。日本の医療を受ける目的（医療ツーリズムとも呼ばれます）で来日される方、ゴルフをするために日本に来ている方、盆栽の鑑賞や購入、レクチャーを受けるために長期滞在される方など、多種多様です。

こうした来日する目的に合致していれば、小さな会社でもインバウンドで売上を倍増させる可能性は十分にあります。こぢんまりとした美容室や歯医者といった、「自分たちにインバウンドの可能性があるなんて思ってもみなかった」というような方でも、私はトライしてみる価値は十分にあると思っています。

ただし、ここで1つ注意が必要なのは、旅の目的のように思えても、実際には見えづらい別の目的があることです。そこを見誤らないようにしたいものです。

とあるテレビ番組で、「錦鯉がインバウンドの富裕層に人気」という特集をしていたことがありました。それを見たペットショップの経営者のなかには、「うちもインバウンドに錦鯉を売れるんじゃないか」と感じた方もいるかもしれませんが、私としてはやや懐疑的です。なぜなら**富裕層にとっての真の目的は、錦鯉ではなく〝投資〟**だからです。もちろん可能性はゼロではありませんし、全員がそうだとも言い切れませんが、投資目的の相手に対して趣味目的の商品サービスはマッチしていません。

これはほんの一例ですが、割とそうした目的の見誤りは少なくありません。

また、ここでは趣味の話を中心にしてきましたが、**団体旅行なのか個人旅行なのか、グループ旅行であれば、3世代旅行なのか友人家族同士なのかといったスタイルも、ターゲティングにおいては見過ごせない大きな要素**となります。

## 10　地域にある宿泊施設と交通機関から逆算していく

そもそも小さな会社が単独でインバウンドを呼び込もうと画策しても、よほどの尖ったコンテンツをもっていない限り、それは容易なことではありません。ですから、自分たちが拠点とするエリアを俯瞰して見て、そこからターゲットを絞り込んでいくという発想も大切です。

「自分たちが拠点とするエリアを俯瞰して見る」というのは、具体的には地域にある宿泊施設と交通機関の現状を調べることと同義だと考えていいでしょう。

例えば飲食や体験事業を提供する会社であれば、自分たちの地域にどんな宿泊施設があって、そこにどんな人が来ているのかを見ていきます。

仮に富裕層向けの体験コンテンツの提供を計画していたとします。その計画段階で、自分たちが拠点とするエリアに、富裕層が満足して泊まれるような宿泊施設が1つもないという状況ならば、うまくいくはずもありません。

そんなことがあるのかと思う方もいるかもしれませんが、実際、富裕層向けの宿泊施設が皆無であるにもかかわらず、「富裕層を集客したい」と相談に来たケースがありました。「国のインバウンド政策として、富裕層の集客を目指していると聞いたから」といった背景があったようです。もちろん国や自治体の動きも大切ですが、それが**自分たちが拠点とするエリアの強みと合致しているのかどうかは、冷静に見極める**必要があります。

同じことは交通機関に関してもいえます。そのエリアにおける交通の要所はどんなところと結ばれていて、実際にどんな方が来ているのか。空港であれば、どんな国や地域との航空便があるのか。電車、バス、タクシー、レンタカーも含め、その地域にインバウンドが足を運ぶためには、必ず何かしらの交通機関を利用します。

そうした交通機関を調べると、どういった人が地域に来ているのかが見えてきます。そこが把握できたら「自分たちの施設に来てもらうにはどうしたらいいのか」というラストワンマイルを逆算していくのです。

例えばレンタカーでしか行けないような辺境のエリアがあったとします。そうであれば、レンタカー会社と手を組んで集客する。具体的にはレンタカー会社が提供するマップや資料のなかに自社の情報を組み込んでもらうといいでしょう。レンタカー会社の方を招いて自社サービスを体験してもらうのも効果的かもしれません。「どこかオススメのスポットはない？」と聞かれたときに、いの一番に「〇〇がオススメですよ！」と言ってもらえると、やはり誰しも行きたくなるものです。


**外国人観光客と接点をもつ機会が多い人に自分たちのサービスを体験してもらい、推奨してもらうという考え方は非常に大切**です。先ほどはレンタカー会社を例にあげましたが、より重要な位置づけとして私が考えているのは、宿泊施設の接客スタッフです。特にコンシェルジュは、「オススメの飲食店はどこか」「マイナーだけれど行く価値のある観光スポットは知っているか」といった質問を常に外国人観光客から受けています。

このコンシェルジュの存在に注目し、積極的に働きかけることでインバウンドの集客に成功した体験事業者や飲食店は少なくありません。

コンシェルジュのみなさんは、常に質の高いサービスや飲食店の情報を求めています。上質な情報を顧客に提供することによって自分たちの評価が上がるためです。したがって積極的なアプローチが功を奏するのです。

いずれにしても、**地域にある外国人の方が来ている場所や施設から逆算してターゲットを組み立てていくのは、特にこれからインバウンドを始めるという小さな会社には有効な方法です。**

## 11　小さな会社こそ足元や近場に来ている外国人を狙おう

いわば接近戦です。

繰り返しになりますが、ＯＴＡも含め、インターネットを使った空中戦での集客ももちろん大事なのですが、そればかりに気を取られて、アナログな接近戦を軽視してはいけません。

既にインバウンドに取り組んでいるならご存じかもしれませんが、岐阜県飛騨市に「SATOYAMA EXPERIENCE」という里山の暮らしに触れるガイドツアーがあります。最も有名なのはサイクリングツアーで、たくさんのインバウンドを受け入れています。

実は、彼らもガイドツアーを始めたばかりの頃は、集客に苦労したそうです。というのも、外国人観光客がたくさん来ていた飛騨高山エリアと異なり、そこから電車で約30分、車でも約30分の距離にある飛騨古川はほとんどインバウンドの姿がなかったからです。

そこで彼らが行ったのが、〝ポン引き〟作戦でした。高山駅に自ら足を運び、電車から降りてくる外国人観光客らしき目ぼしい人に声をかけまくり、興味をもってもらえたら乗り付けた車で飛騨古川町まで連れて行き、体験ツアーを提供したのです。

やや強硬手段に思えるかもしれませんが、外国人観光客に人気の町では珍しくない営業方法です。東南アジアにある世界遺産の町などに行かれたことがある方であれば、経験則としてイメージが付きやすいのではないでしょうか。

もちろん強引すぎる営業は良い結果を生みませんが、**自分たちのサービスに自信があり、満足してもらえる確信があるならば、ぜひどんどん声をかけていくべき**です。実際、先のSATOYAMA EXPERIENCEも、スタートはそうでした。そこから成功できたのは、サービス内容がきちんと伴っていたからこそです。接近戦でなんとか呼び込んだ外国人観光客（サービスを受けるまでは懐疑的な人もいたでしょう）をきちんと満足させられたからこそ、リアルやインターネットでのクチコミが広まっていき、押しも押されもせぬ人気のアクティビティになっていったのです。

この接近戦という考え方ですが、実は日本人視点と外国人視点では異なるケースもあります。**「ラケット理論」**として知られているものですが、**その旅行がその人の居住地から遠ければ遠い（旅行距離が長い）ほど、旅行中の行動範囲が広がる**という傾向があります。

従来の日本人を相手にしたサービスでは、接近戦の範囲を最寄り駅として捉えていた場合でも、実は外国人を顧客に見立ててみると、最寄りのターミナル駅まで広がる可能性が十分にあるということです。

私の経験上、「そんな遠いところから足を運んでもらえるはずがない」という思い込みをもっている小さな会社の経営者は、少なくありません。

このあたりの肌感覚は、実際に自分が海外旅行をしてみると養えるものです。例えば近場の海外として韓国、少し距離のあるシンガポール、もっと遠いアメリカやヨーロッパを旅行してみてください。おそらくそれぞれで行動範囲（旅行プラン）が変わってくるでしょう。韓国旅行ではソウルと釜山を同じ旅行のなかで訪問しない人でも、ヨーロッパ旅行ではパリとストラスブールの両都市を訪れる人もいるかもしれません。ロンドンとローマを同じ旅行のなかで行こうとする欲張りな方もいるでしょう。

接近戦は、特にインバウンドを始めたばかりの小さな会社にとっては大切な集客施策です。そして、その接近戦への捉え方をインバウンドに向けて微調整していくことも重要です。

## 12 「グーグルマップ」や「トリップアドバイザー」にヒントが隠されていることも

自分たちの施設や会社だけのことであれば、アンケートやヒアリング、予約時に入力してもらった顧客データなどを通じてどういった国や地域から来てくれているのか把握できます。あるいは飲食店であれば、顧客の会話（言語）などからわかることもあるでしょう。

しかし、自分たち以外の施設、特にインバウンドの集客に成功している会社に関して、どのようなインバウンドが来ているのかはわかりづらいものです。もちろん良好な関係が築けていれば、ダイレクトに聞いてわかる部分もあるでしょうが、内実をすべて教えてくれることは稀です。特に大手企業の場合、顧客の概要を開示してくれることはあまりありません。

そこで参考にしたいのが、「グーグルマップ」や「トリップアドバイザー」といったクチコミが蓄積されるサイトです。

「隣の宿でやたらと外国人客が増えた」といったことを感じたときには、クチコミを通じていろいろなことが見えてきます。国、世代、性別などの属性は基本です。タイ人の書き込みが多いのならば、その施設や地域にタイ人が多く来ていることが見て取れます。

クチコミを書き込んでいる人の他の投稿を見ることで、その人がどういった趣味をもっているのかが見えてくることもあります。わかりやすい例をあげると、ラーメンのクチコミばかりを書いている人であれば、無類のラーメン好きであることがわかるということです。

もちろん調べたクチコミのデータですべての傾向を把握できるわけではありませんが、ざっくりとした地域のインバウンドの特徴が見えてくることもあります。

実は、「タイで人気のアニメのロケ地となっていて、それを目当てに訪問しているタイ人が多い」というようなことがわかれば、自分たちの施設に足を運んでもらうための具体的な方策が見えてきます。

その意味では、自分たちの地域に訪れているインバウンドのなかで、どこが鉄板の訪問先なのかをしっかりと捉える必要性もあります。地域によっても異なりますが、30以上の宿泊施設があるようなところでも、実はトップ3の宿泊施設がインバウンドのほとんどを受け入れているということが少なくないからです。

これは宿泊施設だけに限った話ではなく、飲食店や観光スポットも同じことがいえます。どこの地域でも割と鉄板ルートがあります。そのため、**いかにその鉄板ルートに組み込ませてもらえるか、鉄板ルートからどうやって導線を引っ張ってくるかが集客のポイント**になってきます。すでに人気の施設と連携したり、チラシ配りをさせてもらったりといった具体策に落とし込めるようにしていきましょう。

そのためにも、大前提としてその鉄板ルートを把握する必要があるということ。その糸口として有効なのがグーグルマップやトリップアドバイザーなどのクチコミなのです。もちろん地域のマーケティングを担うＤＭＯのような団体・組織に聞くことも効果的な手段です。

もしかしたら、これからインバウンドを始めるような小さな会社のみなさんには、ターゲット国の絞り込みから進めたくなる方もいるかもしれません。しかし、本章で再三にわたって説明してきたように、それは効率的なやり方ではありません。国の絞り込みは、自治体やＤＭＯのほうで行っていることが多いからです。

他方で、決して「ターゲットを考えなくていい」というわけでもないことを頭に入れてください。小さな会社でターゲットを考える場合には、私は旅の目的を軸にするべきだと考えています。また、実際に足元まで来ているインバウンドから逆算するというのも効率的な方法です。クチコミサイトにもそのヒントとなる情報が載っていることが少なくありません。

# 第4章

# 「売れる！」商品・サービスのつくり方・磨き方

## 13 体験要素を入れよう

インバウンドに売れる商品・サービスとはどういったものでしょうか。

単に「食べる」「買い物をする」「伝統的な文化を鑑賞する」といったことではなく、**自分自身でその商品やサービスをつくったり、それがつくられるプロセスを見たり、ストーリーを聞いたりできるようにすること**が、インバウンドに売れるための商品・サービスづくりにおいて、ひいては売上倍増につながる単価アップのために非常に重要なポイントです。

私はそれを「**体験要素**」と呼んでいます。

この体験要素を組み込むことで、インバウンドからの圧倒的な支持を得ている例は全国に散見されます。

例えば寿司。私自身も理事として関わっている日本文化体験交流塾（通訳案内士団体）の関係会社であるTrue Japan Tourでは、お寿司の握り体験がとても好評です。1～2時間の寿司握りをした後、自分でつくったお寿司を食べるというライトなものから、リクエストベースにはなりますが築地に寿司ネタを買いに行き、そのネタを使って寿司を握るといった少し凝ったものまであります。

**クラフトツーリズム**といわれたりもしますが、長崎県の波佐見町では、波佐見焼の陶芸体験が人気です。単に伝統工芸品を購入するのではなく、地元の職人さんによる蘊蓄《うんちく》を聞きながら陶芸体験をすることで、購買意欲は格段に高まっていきます。

岐阜県羽島市の浅野鍛冶屋では、7時間をかけて行う最大4人までの体験ワークショップが外国人観光客に人気です。4人で参加する場合は1人4万2000円、2人で参加する場合は1人5万円ですが、日本の伝統工芸である刀鍛冶で鍛造ナイフづくり体験ができるとあって、2015年の企画開始以来、欧米豪からの参加者が多いといいます。焼き入れ、研ぎなどの全工程を体験できることに加え、刀匠とともに昼食も楽しめるため日本の鍛造に関するお話をじっくりと聞けることも人気の要因となっています。

こうした事例からもわかるように、自分が製造工程に関わるということだけでなく、そこでの〝こだわり〟が理解できるような、**「職人や社長の話を聞く」「バックヤードを見せてもらう」といったことも体験要素**として十分に付加価値となります。

欲をいえば、そのときに対応する職人、社長、スタッフの話が面白いと売上は格段に変わります。どんな話し方や例え話が彼らのツボにはまるのか、試行錯誤をしてみるといいでしょう。

1つのヒントとしては、彼らの身近にあるものと関連づけて話すということがあります。日本酒の醸造であれば、ウイスキーやワインの醸造と比べてどうなのかを語ったり、世界的に有名な映画や音楽と紐づけて語ったりといったことです。

## 14 小さな会社はどうやって体験要素を入れたらいいのか

小さな会社がこうした体験要素を入れる方法としては、大きく分けて「連携」と「自主運営」の2つがあります。

いずれに関しても、私は体験事業者と組んだほうがいいと考えています。ですから、まずは体験事業者とコンタクトを取らないことには始まりません。体験事業を行っている事業者は全国的に増えています。インバウンド向け商品造成のセミナーや商工会議所や観光協会のインバウンド部会などを通じて積極的に接点をもつようにします。

そのうえで**「連携」は、自分たちがコンテンツの一部になるイメージが近い**です。

日本の主に都市部にできているものに、「ローカルフードツアー」というものがあります。代表例がラーメンツアーです。仮にみなさんがラーメン店を営んでいるとしたら、体験事業者とともにどういったオリジナリティあふれるラーメン体験がつくれるのかを相談していきます。

よくあるのはツアーの運営自体は体験事業者が行うパターンです。ラーメン店側はあくまで協力する形になりますので、煩雑な決済手続きや翻訳、告知などは体験事業者に一任できます。繰り返しになりますが、場所とコンテンツを貸し出すようなイメージです。もちろん一任する半面、利益は小さくなります。

あくまで自社サービスとは別物として、体験事業を紹介（提案）するという方法もあります。

例えば星野リゾート・西表島ホテルでは、様々な体験アクティビティを紹介しています（執筆時点で27個）。そのなかには、宿泊料金に含まれている後述する自主運営のものだけでなく、地域にある体験事業者による有料のアクティビティもあります。

もちろん紹介料としてマージンも得られますが、それ以上にその滞在全体の満足度を高める効果のほうが重要です。特に宿泊施設にとっては、そのエリア全体での評価や満足度を高める方法は限られてきますが、そのなかの有力な方法の1つであるといえます。

いずれにしても「連携」においては、それ単体で本業と同じように儲けることを目指すというよりは、物販につなげて利益を上げたり、自社商品・サービス全体に対するクチコミ評価を高めたり、あるいはアイドルタイムにおける店舗の有効活用などに向いているといえます。

他方で、**「自主運営」は自分たち自身で商品やサービスに体験要素を追加していくイメージ**。あくまで運営を行う主体者は自分たちであるということです。ただ、小さな会社の場合、体験要素を取り入れたくてもどこから手を付けたらいいのかわからない、スキルをもった人的リソースが不足しているといったことが起きがちです。

したがって、先ほどから登場している体験事業者にサポートを依頼するという方法で体験要素を構築していくといいでしょう。実際、体験事業の構築支援を行っている会社もあります。最初の1年間はしっかりと運営をサポートしてもらいながら、少しずつ運営スキルを社内に蓄積させていくというようなケースもあります。もちろん相応の費用はかかります。自主運営に移ってからも、いくらかの成果報酬を支払い続けるといった条件をつけることで、お互いにとって持続可能な方法を模索していきましょう。

この自主運営に関しては、自社商品・サービスの単価アップが第一目的となりますが、無料で提供することで満足度(カスタマーエクスペリエンス)の向上や、クチコミ効果による集客力アップを狙うことも十分に考えられます。

「連携」にせよ「自主運営」にせよ、体験要素はつくったら〝おしまい〟ではなく、そこがあくまでスタート地点であり、定期的なチューニングが不可欠であることを頭に入れておきます。

さらに、体験要素をつくったり、チューニングしたり、あるいは体験要素をやめるといったときの判断材料をきちんともっておくことも重要です。その判断材料は、自分たちが本当に売りたいこと、本当にやりたい事業の形になります。

この部分をブラさないようにすることは何よりも大切です。本当は〇〇が売りたいのに、それを売るために行っている体験要素のせいで、〇〇の販売がおろそかになってしまっていたら本末転倒だからです。あくまで体験要素は本業のプラスアルファ。本業の集客促進や付加価値の向上、さらには競合他社との差別化のため。そんな観点で体験要素を織り交ぜてみるといいでしょう。

したがってどこかと手を組んで体験要素をつくったり、提供したりする場合、必ず自分たちの目的（なんのために体験要素を入れているのか）を伝えるようにします。

## 15　昼食・夕食は日本のものを食べたいけれど、朝食は自国のものが食べたい

売れる商品・サービスをつくるうえでの大事な視点として「バランス感覚」があります。こちら（事業者側）が売りたいものを押し付けすぎてもいけないし、相手（消費者側）が求めているものばかりに寄せすぎてもいけません。そのちょうどよいバランスを探っていくことが、インバウンドに対する商品・サービスを設計していくうえで大きなポイントとなります。

**よくある間違いは、「せっかく日本に来ているのだから存分に日本を味わってもらおう」と、これでもかと全部盛りにしようとすること**です。

私の経験上、日本人客ばかりを相手にしてきた会社ほど、その罠に陥る可能性が高くなります。なぜなら日本人客は短期滞在が多いからです。日本人客が国内旅行をする場合、1泊2日や2泊3日が大半です。そうした短い期間であれば、〝全部盛り〟に対する違和感

は出てきません。

しかし、旅行期間が1週間以上になることが多いインバウンドの場合、〝全部盛り〟は押し付けがましさに繋がります。ちなみに観光庁による「訪日外国人の消費動向」（2023年1～3月期）で、平均泊数は12・7泊となっています。

象徴的な例が「朝食」です。ランチも日本食、ディナーも日本食という毎日を送っている外国人観光客の視点からすると、「朝食くらいは自国のものが食べたい」というのが本音です。

外国人の多い大手の宿泊施設ではたいてい、和・洋・中の選択肢を揃えています。もちろん理想は、和・洋・中を揃えることですが、難しく考える必要はありません。中華ならお粥とシューマイ、洋食ならパンとコーヒー程度でいいのです。ちなみにサラダとフルーツは国や宗教を超えて受け入れられやすいこともお伝えしておきます。

要は、相手がこの旅行中にどんな毎日を送っているのかに想像力を働かせることが、売れる商品・サービスをつくるうえで大事だとも言い換えられます。

理想的なのは、相手の本音を聞くことです。旅館であれば、「通常の朝食は和食を用意しているが、もし和食に疲れているならば、コーヒーとクロワッサンに変更することもできる」と伝えてみるといいでしょう。

この「バランス感覚」をうまく掴むためには、相手がもっている常識を知ることも大切です。例えばお弁当。日本人にとっては、冷たいお弁当というのは馴染み深いものですが、**多くの外国人にとって冷たいお弁当には違和感を覚えるようです。要は、食べ物は温かいことが常識という国も多い**ということ。

先ほどの朝食でいえば、日本人にとってはしょっぱいものを朝食に食べるのがあたりまえです。一方で、**イタリアやフランスの人にとっての朝食は甘いものが常識**です。

相手の常識を知ることによって、自分たちの商品やサービスを見直し、より輝くように磨いていくことができるようになります。もし自分たちが提供している商品やサービスに関して、首を傾げるような態度だったり、苦虫を噛み潰したような表情だったりしたときには、直接的に感想を聞いてみてください。すると、相手の本音や常識が聞き出せるはずです。当然、それを商品やサービスの改善につなげていくと、どんどんインバウンドに売れる商品・サービスになっていきます。

いま、**自分たちが相対しているお客さんがどんな人なのかをしっかりと捉えたうえで、変化していくことも大事**だということです。

もちろん山伏の修行体験のような、過酷な状況に身を置くこと自体が商品の本質となっている場合には、相手におもねる必要はありません。これでもかと自分たちの世界観を押し付けていくことで、トータルとしての満足度を上げ、忘れがたい体験として相手の心に刺さるからです。

ただし、その場合にも事前に「(押し付けがましく感じるかもしれない)全部盛りの内容であること」を伝えておくと、サービスを提供する側と受ける側の期待値の齟齬が生まれず、お互いに気持ちの良い時間が過ごせるようになります。齟齬を生まないために、「体験サービスを提供する前に、必ず事前面談をしている」という事業者もいます。

## 16 平均滞在日数・時間を伸ばすためのサービス設計とは?

**小さな会社がより儲けるためには、顧客との接続(滞在)時間を伸ばすアイデアが欠かせません。**日本人客を相手にしていた場合には、そのアイデアには限界もありました。日本人の旅行期間は短いという大前提があったからです。ゴールデンウィークやお盆休み、正月休み、週末プラス祝日の3連休などに極端に偏っているため、事業者側の「回転数を増やして儲ける」という商売の原則と相性が良かったのです。

しかし先ほども書いたように、外国人観光客の旅行期間は日本人客と比べられないほど長くなります。特定の休みに極端に偏るということもあまりありません。平日だろうと平気で各地を訪れます。

そこで考えたいのが、滞在日数や時間を伸ばすためのサービス設計です。わかりやすくいえば、2週間の日本旅行の外国人がいたときに、2泊ではなく3泊してもらう工夫をしようということ。あるいはランチに来た外国人客をティータイムまで楽しんでもらうようなオプションを用意しようということです。

宿泊施設の話になるのですが、連泊してもらえれば、当然その分の宿泊料は増えます。加えて、ほとんどの人は宿泊施設に引き籠もるわけではないので、その地域に落ちるお金も増えます。すなわち、これまでは地域の宿泊施設と飲食店、その他の観光事業者がライバル関係とまではいかないまでも、協力し合ってもあまりメリットがなかった関係であったものが、連泊が進むことによって状況が変わってくるということです。パートナーとしてタッグを組むことで、そのエリアでの滞在全体の満足度が高められるようになります。

連泊の効果はそれだけではありません。オペレーション・コストが下がるというメリットもあります。フロントの業務が削減でき、室内清掃に関しても簡素化できます。特に近年はサステナブル志向（環境への配慮）の高まりを受けて、過剰なリネンの交換などは消費者心理としても避ける傾向にあります。

では、**具体的に滞在日数や時間を伸ばすにはどうしたらいいのか。オーソドックスなのが連泊割**です。海外では、3日泊まったら1泊を無料にするといった方法が割と見られます。仮に平均連泊日数が1・5だとすると、これを2・0に引き上げたいという事業者がいたとします。この場合、「2泊してくれたら3泊目を無料にします」とすると、かなり2・0に近づけることができます。

まずは現在の連泊日数や滞在時間を把握してください。そのうえで、それを引き上げるためにお客さんにとってのメリットを設計していくといいでしょう。

ロイヤルティプログラムや会員制度などももちろん有効な方法ですが、外国人観光客に限っていえばそこまで頻繁に訪日する方ばかりではないので、小さな会社にとっては最優先の方法ではないかもしれません。

そもそもリゾートホテルなどを中心に海外では「3泊以上の人しか泊まれない」などと、連泊縛りを設けているところすらあります。「3泊以上で30％オフ、5泊以上で40％オフ」といったように連泊すればするほど割引率が高くなる設定をしてもいいでしょう。

さらに、泊食分離を推進して、地域の他の飲食店を紹介したり、日中だけでなく朝と夜のアクティビティもきちんと伝えたり、地域にそういったアクティビティがない場合は地域が一体となってつくったりしていくのはどうでしょうか。朝食を提供している場合には、バリエーションを用意することも大事です。すべてを入れ替える必要はありませんが、目玉となる2～3のメニューは複数パターンを用意するといいでしょう。

## 17 免税を意識した商品ラインアップを

外国人観光客にもっと買ってもらうために、「免税」の仕組みをぜひ活用しましょう。免税店になれるのは百貨店や家電量販店などの大型店だけではなく、地方の道の駅や酒屋、土産物店なども含まれます。

小さな会社や個人事業者が多い商店街として免税店になる動きもあります。先駆的な例として知られるのは、岡山県岡山市の表町商店街です。岡山駅前に大型ショッピングモールができたことで、商業の中心だった表町商店街は衰退の危機にさらされました。そこで同商店街では、インバウンドを含めた賑わいを取り戻すため、商店街として免税店化を推進しました。それを可能としたのは、**2015年4月に創設された免税手続一括カウンターを第三者にまとめて委託できる制度**です。同商店街にある天満屋岡山店というデパートに一括カウンターを設けることで、個々の小さな会社や個人事業者の負担をなるべく増やさない形で免税制度を活用できるようにしたのです。
免税店と聞くと「大きな会社しか関係ないのではないか」と感じる方もいるかもしれませんが、表町商店街のような事例もありますので、後述する内容を踏まえて、ぜひ活用するようにしてください。

まずは「免税制度」の基本を説明します。
免税制度とは、免税店（TAX-FREE SHOP）となったお店で外国人観光客が購入する商品の消費税が免除される仕組みになります。お店の売上に消費税はかかりませんが、商品を販売する場合、仕入れに関わる消費税は控除することができます。２０２１年9月末時点で、全国で5万２８８４の店舗が免税店となりました。

免税対象品は、以下のように「一般物品」と「消耗品」の2つに分類されます。

**①一般物品：家電製品、民芸品、洋服・着物、カバン・靴、時計・宝飾品など**
**②消耗品：食料品、飲料品、医薬品、化粧品など**

一般物品、消耗品のいずれも５０００円以上で免税対象となります。また、購入した一般物品と消耗品の金額の合算で5000円以上になることでも免税対象となります。

つまり、外国人観光客にとっては様々な商品が〝1割引き〟で商品が買えることになります。1割といっても、単価が高い商品になればなるほど、そのインパクトは大きくなるので、消費者がお店を選択するときの判断材料の1つとなり得ます。

観光庁の調査結果によると、特に**台湾、香港、中国からの観光客の半分は免税で商品を買う**というデータが出ています。

実際、免税対応をしているお店の声として、**「免税のお客様単価は一般の5～6倍と高い」「高額商品の販売が伸びた」**という声も上がっています。

では、何から手を付ければいいのでしょうか？

具体的には「①税務署への申請」「②販売時の対応」「③販売強化策」と3つのステップで対応を進めていくことになります。それぞれ説明していきます。

**①税務署への申請**

免税店になることが最初のステップになります。

免税店になるには、納税地にある所轄税務署へ「輸出物品販売場許可申請書」を提出し、審査を受けます。

繰り返しになりますが、百貨店や家電量販店などの大型店だけが免税店になれるのではなく、地方の道の駅や酒屋、土産物店なども可能です。

この申請には、本店所在地や企業名といった基本項目のほかに、販売する場の見取り図や販売員のための免税販売手続きマニュアルなどが必要です。

**②販売時の対応**

実際に免税店になった後は、免税品販売時にはパスポートを確認し、必要書類を用意します。さらに消耗品に関しては、国が指定する袋や箱で包装し、シールで封印する必要があります。

**③販売強化策**

販売強化策としては、まずは免税店であることがパッと見てわかるようにすること。TAX FREEのマークを見えるところに掲示しましょう。

実は、TAX FREEのマークには、外国人観光客を歓迎していることが伝わるという効果もあります。

そのうえで、**「5000円以上となる免税パック」を用意することが最大のポイント**です。5000円以上で免税になる仕組みにうまく乗っかって、外国人観光客にとって買いやすいパッケージ商品をあらかじめつくっておくのです。

特に団体ツアー客や人でごった返す観光地の場合、買い物時間は短くなります。その結果、「免税になる5000円に合わせて商品を選ぶこと」に対するインセンティブは働かなくなります。

例えば、あなたはお菓子を販売しているとします。2000円のお菓子があるなら、3箱セットで販売することで6000円となり、5000円を超えた免税対象となります。

すなわち、5000円を超えるような魅力的な商品の組み合わせを用意し、免税パックとして用意しておくのです。免税商品は開封できないよう包装し、封印しなければならないため、手間がかかり、オペレーションによってはレジの混雑も発生します。しかし、最初からパックを作っておけば、それらの課題は解決できます。私の知っているお店では、実際にこれだけの販売強化策で大きく売上を伸ばしました。

免税パックを用意していなくとも、5000円以上になるように商品をオススメする方法もあります。外国人が買おうとしている商品が3000円ならば、2000円分の商品を追加すれば免税になってお買い得だと教えてあげるのです。

もちろん小さな会社では、外国語で一人ひとりのお客さんにそうした緻密な対応をしていては、オペレーションが間に合わないということもあるでしょう。

そこで用意したいのが、**「5000円以上は免税となります。追加の商品はいかがですか？」というペライチのシート（紙）**です。これを多言語で用意しておき、外国人客に確認するオペレーションを導入すればいいのです。それならば、既存のアルバイトスタッフでも対応可能です。

当然ですが、免税店になることは目的ではありません。免税店になって終了ではなく、免税制度による強みを最大限活かすための工夫もしていかなければ、期待しているような効果は出てきません。

## 18　重いものは売れにくい？　少量化・軽量化を検討する

インバウンドと聞くと、〝爆買い〟という現象を思い起こす方もいるかもしれません。2014〜15年頃がピークといわれますが、中国人観光客が炊飯器や温水洗浄便座などが入ったダンボールや、医薬品や化粧品などの日用品を詰め込んだスーツケースを大量に運んでいる様子は、賛否両論を交えながら大きな話題となりました。

その後、そうした買い物目的の中国人観光客は目立たなくなったものの、いまなお外国人観光客の旺盛な消費意欲は見過ごせないものの1つだと考えています。2023年4～6月期の「訪日外国人消費動向調査」によると、訪日外国人の1人あたりの旅行支出は、20万円を超え、そのうちの25％が買い物代として消費されており、日本人の国内旅行者の1人1回あたり支出額約4万1000円（2022年）を考えると、大きなインパクトがあるといえます。

ただし、インバウンドの場合、荷物を抱えたまま公共交通機関を使って移動することも考慮していく必要があります。近年では、空港宛ての郵送サービスも増えてきていますが、私が各店舗でヒアリングをしている限りは、ほとんどの外国人は自分自身で持って帰っているようです。

したがって、**少量化や軽量化をすることで商品を買ってもらいやすくする**、というのは有効な手段の1つであると思います。特にお酒や陶器などの重くてかさばるものに関しては、購入しやすいサイズのものをお土産パックとして用意しておくといいでしょう。

外国人観光客にも広く人気のある「白い恋人」。かさばりがちなお菓子の代表的な土産品ですが、実は様々なバリエーションの商品を揃えています。持ちやすさ、箱の種類・サイズなど、数えきれないほどのバリエーションがあり、お客さんは自分のバッグのサイズに合ったものが買えるようになっています。とても参考になるので、調べてみるといいかもしれません。

日本酒は外国人に人気の商品の1つですが、一升瓶で買うにはハードルが高いのも事実で、250㎖や300㎖などの手軽に買える商品ラインアップにしているお店を見かけることはめずらしくありません。ちなみに、私も接点を頂いているのですが、180㎖という小容量のアルミ缶日本酒ブランド「KURA ONE」が2022年に立ち上がり、軽量で持ち運びがしやすいため、外国人にも人気が高まっています。


こうした発想は、小さな会社のニッチな商品でも参考にしたいところです。

要は、2週間とか3週間という期間の海外旅行をしている相手に対して、どういうニーズがあるのかというところを想像して、買ってもらいやすくするための工夫をしていきましょうという話です。ただし、果物や生肉などお土産として持ち帰れない物品があるので事前に確認が必要です。

国際郵便に対応したり、次に宿泊する予定のホテルに送るサービスを提供するなどの選択肢を用意しておくことも、購入のハードルを下げられる可能性があります。

1つ注意が必要なのは、**日本人と外国人では、お土産に関する常識が異なる**場合がある点です。旅行中、他人にお土産を買うという文化がまったくない国もあれば、食べ物は買わないけれど、記念品を買うことが多い国、日本と同じようにお世話になっている方には必ず配る国、ばらまき用のお土産で済ます国など、多種多彩です。

ですから、来訪が多い国や地域のお土産文化を調べてみると、より精度の高い工夫ができるようになります。

これは余談ですが、一説によると、アメリカなどの欧米の国のなかには、あえて商品の値札（レシート）をつけてお土産を渡す場合もあるようです。これは不要なお土産品の交換や返品、必要な人にあげるなどの対応ができるようにしておくためだという話もあります。

いずれにしても、相手のニーズを考慮してお土産のラインアップを整えようということです。ちょっとした工夫でも大きく売上に影響することもありますので、ぜひ検討してみてください。

## 19 ベジタリアン対応をすると売上が伸びる訳

みなさんのお店ではベジタリアンやハラル（イスラム教徒に許可された）フード対応をしているでしょうか？

「うちみたいな小さなところには関係ない」と考えている方も多いかもしれませんが、**べ**

**ジタリアンやハラルフードに対応していないことで、大きな機会損失を生んでいる可能性**があるということを、まずは頭に入れていただければと思います。

日本の小さなお店には外国人観光客には入りづらいところが少なくありません。特に地方エリアでいえることですが、文字表記を含めた言葉の問題や、すでにお店にいるお客さんの多様性が少ない（日本人客ばかりというシチュエーションが多い）からです。免税の項目でも書きましたが、まずは目に見える形で「外国人を歓迎している」ということを表すことが必要です。その意味において、**「We have a vegetarian menu」や「Halal OK」などと書くことで、外国人客歓迎の雰囲気が出やすくなる**といえます。

もっと重大な問題があります。10人グループのうち1人がベジタリアンだというグループをあなたが率いているとします。そんなシチュエーションで、みなさんはどんな飲食店を選びますか？

おそらくその1人に配慮して、〝ベジタリアン対応が可能なお店〟を選ぶのではないでしょうか。つまり、グループに1人でもベジタリアンがいると、選ぶお店が変わるということです。重要なのは、〝そのほか9名がベジタリアンでないにもかかわらず〟というところです。

つまり店側はベジタリアン対応をしていないために、知らず知らずのうちに見込み客を

## ベジタリアン・ハラル対応表

| | | 肉 | 魚 | 卵 | 乳製品 | 蜂蜜 | アルコール調味料 | 植物 |
|---|---|---|---|---|---|---|---|---|
| ベジタリアン | ラクトオボベジタリアン | × | × | ○ | ○ | ○ | ○ | ○ |
| | ラクトベジタリアン | × | × | × | ○ | ○ | ○ | ○ |
| | オボベジタリアン | × | × | ○ | × | ○ | ○ | ○ |
| | ヴィーガン | × | × | × | × | × | ○ | ○ |
| ハラル（イスラム教徒） | | 豚NG、牛・鶏は処理次第 | ○ | ○ | ○ | ○ | × | ○ |

逃してしまっている可能性があるのです。

世界の人口で、ベジタリアンの割合はどれくらいだと思いますか？

世界のベジタリアン人口は2018年時点で6・3億人を超え、全人口に対して約8％を占めています。つまり、世界の12人に1人はベジタリアンということになります。さらにその数は毎年1％近く増加している傾向にあります。

このベジタリアン比率には国・地域によっても違いがあり、インドでは人口に対して28％、台湾では14％です。日本でも4％いるといわれています。

また、年収や教育年数などによってベジタリアン傾向は変わるという研究データもあります。端的にいえば、社会階層が高いほどベジタリアンの割合が高くなるということです。したがって、ベジタリアン対応をすることで、年収が高く、教育水準が高いお客さんに来てもらいやすくなる面もあります。

ベジタリアンにもヴィーガンと呼ばれる乳製品や卵すら取らない厳格な人から、動物の肉や魚介類だけを避ける比較的ゆるやかな人までいます。ベジタリアンになる理由は、宗教上の理由のほか、動物愛護や環境問題の観点、健康志向など多様になっています。

ハラルのものしか口にしてはいけないとされているイスラム教徒は、世界で20億人を超えます。彼らには、豚肉や豚由来のものに加えて、イスラム法で定められた方法で食肉処理されていない牛肉や鶏肉、アルコールが禁忌すべきものとされています。ただ、ベジタリアンにしてもハラルフードにしても、割とグレーゾーンが広いことも事実です。

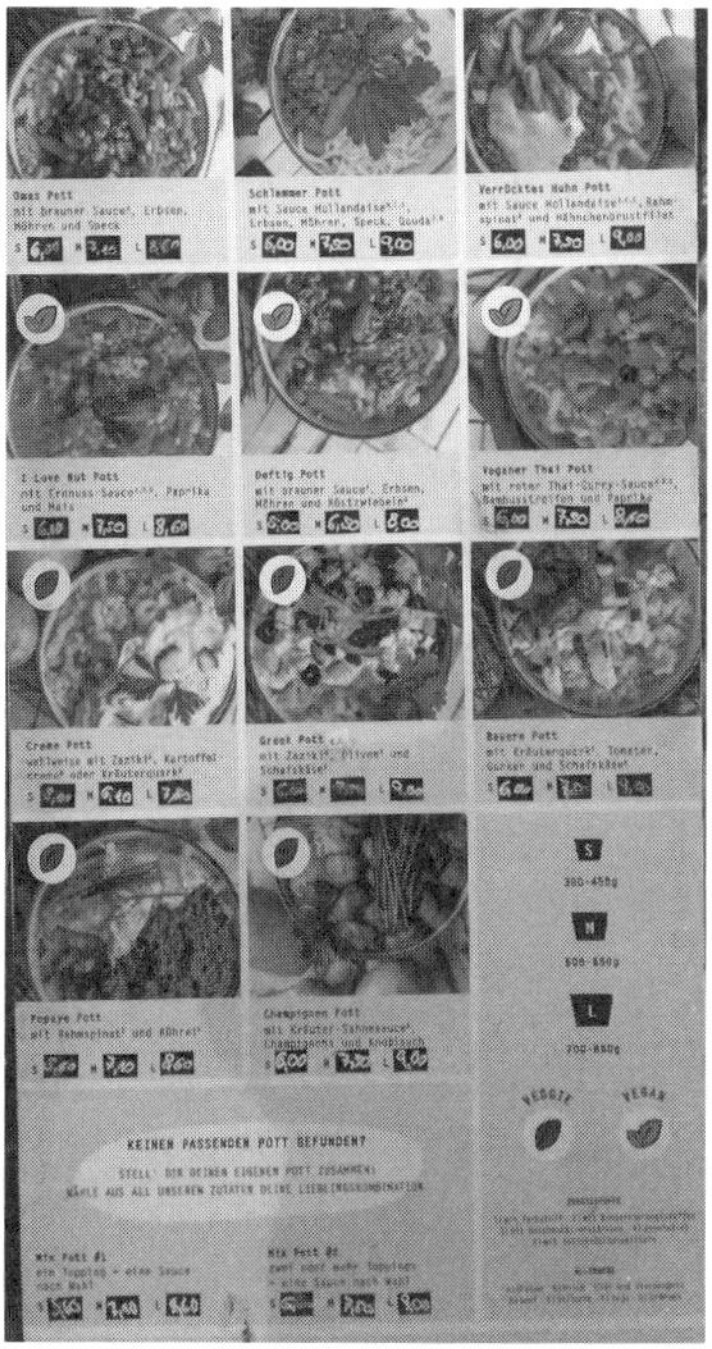

ベジタリアンとヴィーガン対応の料理がひと目でわかる看板

イスラム教徒のなかにもビールを飲む方はいますし、ベジタリアンのなかにも旅行中や外食など特別なときは肉製品を食べるという方もいます。ベジタリアンやムスリムと聞いて身構えるのではなく、場合によってはコミュニケーションを取りながら相手の食への姿勢を聞き出し、フレキシブルに対応していくことも大切です。

次に、ベジタリアンやハラルへの具体的な対応方法を考えてみたいと思います。

お店にとって負担が最も少ない方法として、**「対応メニューを1つ用意する」**というものがあります。

先ほどからベジタリアンやハラルフードの話をしてきましたが、限りなく広く捉えると「ヴィーガン（卵・乳製品・はちみつ不使用）」かつ「アルコールフリー」で調理すれば、実はほぼすべての人が食べられるメニューになります。あらゆる多様な価値観に合わせてメニューを用意しようとすればキリがありませんので、そうした誰もが食べられるものを1つだけ用意するという解決策は、意外と有効だといえます。

その前提のうえで、次に書いたように段階的に進めていくことをお勧めします。

**ステップ①肉を使わない**
**ステップ②魚を使わない**
**ステップ③アレルギー品目を使わない**

**ステップ④アルコール調味料を使わない**

このステップで対応メニューをつくり進めることで、ベジタリアンをはじめ幅広い客層に対して喜んでもらえるお店になることができます。

これらの対応メニューをつくったら、「発信すること」も忘れないようにしてください。発信方法におけるオススメは次の2つです。

**①世界最大のベジタリアン店舗検索アプリ「HappyCow」などに掲載すること**
**②Googleビジネスプロフィールの概要にベジタリアン対応可能な旨を記載すること**

発信しなければ、どんなに良い取り組みをしていても無駄になってしまいます。ぜひ必要な人に必要な情報を届ける努力をしていきましょう。

最後になりますが、「**ベジタリアン対応をすることは日本人客にもプラスになる**」という点もお伝えしておきます。

先ほども記したように、すでに日本人の4%はベジタリアンだというデータも出ています。これは、人口にすると約500万人にものぼります。さらには、週1回程度のベジタリアン（プチベジタリアン）も増えてきており、1つのトレンドとなっています。

ですから、ベジタリアンを他人事ではなく、自分事として捉え、対応を進めてみてはいかがでしょうか。

なお、私のビジネスパートナーであるフードダイバーシティ株式会社代表の守護彰浩氏はこの分野の専門家なので、よりきめ細かく食の多様性への対応を実践したい方にはぜひお勧めします。

## 20 外国人は30分の待ち時間の解消に3倍の値段を出す

「ディズニー・プレミアアクセス」をご存知でしょうか。言わずと知れたディズニーリゾートで提供されている「パーク内施設等の体験時間や入場時刻を指定して予約できる有料のサービス」です。他方で、無料で提供されていた「ディズニー・ファストパス」は2023年6月に終了がアナウンスされています。

ユニバーサル・スタジオ・ジャパンにも、「ユニバーサル・エクスプレス・パス」と呼ばれる優先入場システムがあります。そもそも同パークは入場料を需要と供給のバランスや販売状況に合わせて増減させるダイナミックプライシング（変動価格制）も導入しています。

また、世界最大級の体験予約サイト「GetYourGuide」には、東京スカイツリー展望台への優先入場特典の付いた都内一日観光バスツアーが掲載され、外国人から高い評価を得ています。

このように、待ち時間や行列を避ける「有料オプション」を用意するという流れは、こうしたテーマパークのみならず、博物館や観光名所にも見られます。


スキップ・ザ・ライン（skip the line）とも呼ばれるこの取り組みは、実はコロナ禍以前のオーバーツーリズムが起きている世界中で広まりつつあったもので、コロナ禍が収束した世界の観光地でより顕著な形で運用されています。チケットを時間予約制にし、現地で当日券を購入する人は行列に並ばなければいけないようなオペレーションにしている観光施設は、世界的に増えてきているのです。

加えて超富裕層のなかには、時間を10分でも5分でも有効利用したいという方がいて、そうした方々に対応するためには、ヘリポートの整備や貸し切りのオプションを設けることなども重要になります。

旅の時間は貴重なので、理想的なのはすべてのお客さんをシームレスに受け入れることですが、それが難しければ**〝効率〟をお金で購入できるような仕組みを導入する**という選択肢もあるということです。

ただし、日本にはこうしたスキップ・ザ・ラインという習慣や概念があまりなかったので、飲食店を経営する方にとっては少し価値観として合わないこともあるでしょう。ですから小さな会社においては、まずは**「効率のためには、3倍の値段どころではなく、もっと払うお客さんがいる」ということを頭に入れる**だけでも十分かもしれません。

もちろん日本でも先進的な事例が出てきています。例えば宮崎県の高千穂峡の遊覧ボートでは、事前予約制を導入しています。最盛期には9時間待ちになったりしていたためです。繁閑差がある場合には、部分的にスキップ・ザ・ラインの考え方を導入するということも選択肢に入ってくるでしょう。

有料かつ時間指定の事前予約制には、スキップ・ザ・ライン以外の効果もあります。混雑具合をコントロールできる（入場制限をかけられる）ので、顧客の満足度を高められるという効果です。博物館や美術館、観光スポットなどでみなさん自身も、「人でごった返していて期待していたほど楽しめなかった」という経験があるかと思います。こうした事態を避けられるのも、事前予約制のメリットです。

## 21 松竹梅の3つのコース（マルチプラン）を用意しよう

ほとんどの商品やサービスであてはまると思うのですが、**「松竹梅」の選択肢を用意すると、単価を上げることができます。**日本人客の場合には、多くの方が「竹」か「梅」を選ぶ傾向が出てきます。一方、外国人観光客の場合には「竹」か「松」を選ぶ傾向があります。せっかく高いお金と時間をかけて日本に来ているので、あまり「梅」を選ぼうとする人はいません。したがって、客単価アップを実現することができるのです。

私自身、小さな会社のみなさんに「値上げしましょう」という提案をすることも多いのですが、値上げに抵抗感をもつ経営者の方が少なくありません。既存の顧客が離れていくのではないかと不安になるからです。長らく日本経済が停滞してきたこともあって、「消費者の値上げに対する耐性は下がっている」という考え方は、的を射ていると思います。

だからこそ、選択肢を用意することで、客単価アップを図っていくのです。「いまのプランは据え置きでもいいので、その上をきちんと用意しましょう」ということをお伝えすると、「値上げ」には難色を示していた経営者の方も、前向きに考えてくれるケースが多くなってきます。
このようにマルチオプション（プラン）にすることによって、客単価は上がっていきます。これは特に外国人客に対して有効なものであると思います。

では、「松」を用意するときのポイントは何でしょうか。大きく分けると、**「色」「日本ブランド」「限定」「オーダーメイド・パーソナライズド」の4つ**です。

「色」はわかりやすいと思います。海外の方が好む「色」がありますので、松を用意するときには視覚的な差別化のために色を変えるといいでしょう。国によって好まれる色は異なります。中国の方であれば金色や赤色などが喜ばれるので、パッケージを変える、贈答用の包装紙を上質なものに変えるといったことも有効です。

「日本ブランド」とは、お肉であれば和牛などになりますが、要はそのお店の売りである日本ブランドのものを上位の価格帯にもってくるようにすると、顕著に客単価を上げることができます。

「限定」も言葉の通りです。「ここでしか買えない」「先着3名まで」「夏限定」といったもので限定感を打ち出していきます。

「オーダーメイド・パーソナライズド」は、その人だけの特別な対応をするというものです。わかりやすくいえば、あなたの名前を字入れしますとか、自分自身で色や形を選べますよとか、特別な演出を入れていくのです。

いずれにしても選択肢をしっかりと用意してあげて、選んでもらえるようにすること。そのときに高単価のものを用意しておけば、客単価を上げていくことができます。その際に、インバウンドを意識したうえで、日本ブランド・テイストを打ち出していくことも含め、海外の方に特別感を楽しんでもらえるようにしましょうという話です。

注意点としては、松竹梅の中身をパッと見てわかるようにしておくことです。見た目でわかりやすいものであれば問題はないのですが、そうでない場合は、素材の違いなのか、お酒の種類の違いなのか、その違いを説明できるようにしないといけません。結局、その商品やサービスにどういった価値があるのかを知ってもらわないと購入してもらえないからです。

その場に、価値を伝えられるスタッフがいて、伝えるためのコミュニケーションの時間が十分に取れるのであればいいのですが、スタッフがいても外国語が喋れないとか、そもそも人が足りていないといったときには、相手に松竹梅の説明ができませんよね。何が違うのかを理解してもらわないと、売れるものも売れませんので、しっかりと伝えていくことも大切なのです。

# 第5章

# 最小の労力で最大の効果を！無理のないリアル&オンライン鉄板集客法



INBOUND

## 22 何はなくとも「グーグルマップ」にテコ入れを

とある地方の隠れ家的な小さなお寿司屋さんを訪れたときのことです。カウンターに座って大将と話をしていたところ、2人組の欧米人らしき外国人観光客が入ってきました。ちょうど隣席に座ったので、私は「どうやってこの小さなお店を知ったのですか?」と聞いてみました。すると、「グーグルマップで評価が高かったので、少し遠いけれど、駅前の泊まっているホテルから歩いてきました」とのことでした。

仕事柄、私は全国各地を訪れます。その際、地元の小さな名店に足を運ぶ機会が少なくないのですが、外国人観光客の姿を見かけたときには(TPOをわきまえながら)このような質問をするようにしています。

そのなかで、**2010年代後半を境にして「グーグルマップの評価を見て来た」という方がかなりの確率を占める**ようになってきました。その要因は複合的ですが、1つあげるとすれば「レビューの自動翻訳サービスが始まったこと」だと私は考えています。

グーグルマップを使って決める行き先は、飲食店だけでなく、観光スポットや小売店、体験事業者、さらには宿泊施設と広まってきています。

そこで小さな会社を営んでいるみなさんがすべきなのは、グーグルマップのテコ入れです。すでに取り組んでいる方も多いと思いますが、具体的には**グーグル・ビジネス・プロフィール（旧称、グーグルマイビジネス）をしっかりと管理・運営**していきましょう。

特に、外国人観光客が見つけやすいようキーワードを入れることは必須です。ベジタリアンに対応しているのならば、概要やメニューのなかにキーワードとしてベジタリアンという言葉を入れていきます。

「vegetarian」とグーグルマップ上で検索すると、3～4軒のレストランしか候補が出てこない、とある地域がありました。私の知る限り、この地域にはベジタリアン対応メニューの提供店はもっとたくさんあります。「店頭で訴求しているから問題ない」と判断している経営者もいるのかもしれませんが、私は店頭だけでの対応では十分ではないと考えています。

インターネットの発展とともに、インバウンドの〝飛び込み〟での入店は減ってきていますし、加えていえば、「ベジタリアン対応のお店が少ない地域を目的地から外す」ということすらあるからです。その地域に足を運んでもらえる可能性を自ら下げていることになります。

狙ったキーワードで検索されたときに、きちんと候補として提示されるのかどうか。このあたりを検証し、出てこないのであれば整理して、対応していきます。

当然ですが、クチコミ評価（レビュー）は高いほうがよいですし、クチコミの数自体も多いほうがインバウンドに選ばれやすくなります。ですので、グーグルマップでレビューを溜めるということを意識した取り組みもしていきましょう。

ここで意識してほしいことは、日本が世界のなかでも屈指のハイコンテクスト文化・社会であるということです。すなわち「わざわざ言わなくとも伝わる」や「空気感で伝わる」といったコミュニケーション社会であり、場合によっては「言葉に表すこと自体が野暮」という考え方すら持っていることもあります。

他方で、欧米豪を中心にして、インバウンドにはローコンテクスト文化・社会の国が少なくありません。「言葉にして伝えるのがあたりまえ」や「言わなければ伝わらない」といったコミュニケーションが主流で、「思っていることを言葉にしても不愉快に思わない」という傾向もあります。

ですので、積極的に「**私たちはもっともっと海外のお客さんに来てほしいと思っているので、よかったらレビューを書いてくださいね！**」と伝えていくといいのです。

ただし、経営者として気をつけたいのは、従業員の評価指標（ノルマ）にクチコミの数を入れてしまうことです。2023年10月1日よりステルスマーケティングに関する規制が強化され、〝やらせ〟は景品表示法違反扱いとなる可能性が高くなっています。経営者自身にその意図がなかったとしても、クチコミが思うように溜まらず、焦った従業員が〝やらせ〟をしてしまうこともあります。

端から〝やらせ〟に関する知識が不足していたり、「うちみたいな小さな会社は問題ないだろう」と考えてしまったりするケースは、特に小さな会社の経営者には見受けられます。難しいのは、〝やらせ〟なのか〝やらせではないのか〟の線引きです。先ほども書いたようにレビューをお願いすること自体は必要なことである一方で、**レビューの書き込みを強制することはいけない**と私は考えています。

また、知り合いにレビューを書いてもらうために、通常のものに度を超えたサービスを提供することはNGです。

仮に法規制に抵触しなかったとしても、通常サービスへの期待値が度を超えて高まってしまい、クチコミ評価の低下に繋がっていきます。

## 23 予約・販売サイトにおける掲載時の注意点

ＯＴＡと呼ばれる予約サイトは、王道ともいえる外国人観光客の集客方法です。ここでは主に宿泊施設を例にあげて説明しますが、あらゆる業種にあてはまることですので、ぜひ参考にしてみてください。

**宿泊業界のインバウンドにおいて、ブッキングドットコムは最も重要なサイト**です。同サイトには世界に幅広くユーザーがいます。

次に重要なのは、**エクスペディア**や**アゴダ**です。特に中国からのインバウンドに取り組むなら**Trip.com**も外せません。

民泊を含めた一棟貸しに関しては、**Airbnb（通称、エアビー）**や**Vrbo（バーボ）**なども活用していきます。こうしたグローバルで使われるＯＴＡは、全世界に対して多額の広告宣伝費を投入し、サイトのユーザビリティの改善も日々実施していますので、特にインバウンドの獲得のために活用しない手はありません。

ただ、こうしたＯＴＡの重要度は、時間の経過と共に可変的なものです。直近でも未払い問題がメディアにとりあげられています。常にその趨勢には目を配るようにしてください。

いずれにしてもこれらのサイトをうまく活用するためには、いくつかポイントがあります。

1つは**口コミ（レビュー）を意識し、向上させていくこと**です。

米comScoreの調査によると、オンラインで宿泊予約をする方の実に74％が世界最大のクチコミサイト「トリップアドバイザー」を利用し、レビューをチェックするといいます。そのレビューをいかに高めていくか、が集客にも多いに影響を与えるのです。

東京の日暮里にモダン和風ゲストハウス「和ごころ」という宿泊施設があります。コロナ前からインバウンド比率が高い施設で、インバウンド再開後の業績は好調で、コロナ前のピークを越える勢いです。

なぜその状態が実現できたかというと、クチコミレビューを踏まえた改善と単価アップの二つが鍵になります。

もともと高いレビュー評価を誇っていましたが、その内容を精査し、コロナ禍に改善を徹底して進めてきました。

例えば、部屋から見えるちょっとした中庭部分があるのですが、そこが「殺風景で少し残念」というコメントがあったことがありました。

そうした反応を見過ごすことなく、対応を検討しました。ただ、専門家に丸投げするのではなく、どんな中庭ならお客さんに気に入ってもらえるのか？徹底的に考え抜き、様々な事例も調査。その上で、専門家と協議しながら、リノベーションを実施。結果、お客さんからもいい反応が得られるようになりました。それ以外にもお客さんに喜ばれるサービスとは何か、付加価値とは何かを常に意識し、改善を重ね続けています。また、物価高や円安の影響も受けていたことと、オープン当初よりも向上した付加価値と宿泊価格のバランスを考慮し、宿泊価格の見直し（値上げ）を実行。値上げ後もお客さんの声や反応を細かく確認しており、結果、満足度や稼働率は変わらず、好調が続いています。

余談ですが、「和ごころ」の運営会社の代表の南川さんは施設のリノベーションとサービス改善等の付加価値向上施策に東京観光財団からの補助金を活用しました。現在、国や自治体からインバウンド対応を強化したり、付加価値を上げるための補助金がいろいろと交付されていますので、アンテナを立てて情報収集をしてください。

こうした対策を地道に行っていくことで、OTA内でのスコアが改善され、集客につながっていきました。

次に大切なのは**掲載する写真**です。写真の量と質にはこだわってください。英語では「A picture is worth a thousand words（1枚の絵（写真）は千の言葉に値する）」ということわざがあります。

言葉がなくとも写真を見ることで伝わることは万国共通で圧倒的に多いのです。まず、写真の量についてですが、1枚より10枚、20枚と多い方がいいのは当然です。また、宿の外観や内観（部屋やレストランの施設等）だけでなく、食事や周辺エリアなど、自社の特徴やコンセプトが伝わるものを掲載するようにしてください。

また、質についてはできるだけプロに依頼してください。素人とプロとでは同じ施設の写真を撮っても全く質が異なります。特に最初に表示される写真の質と、何を見せるかは非常に大切です。ユーザーは瞬時にその施設を選ぶかどうかを判断します。最初の写真で興味を持たせなければ具体的な検討は進みません。

なお、写真には留意点もあります。ここでは二つ紹介します。

一つは殺風景になりすぎないことです。海外の旅行会社との商談会でこんなことがありました。宿泊施設のとてもクオリティの高い、きれいな写真を見せたのですが、「魅力がない」というのです。きれいだけど殺風景でひとけがない。できれば人が写真に入っていて楽しんでいる様子が見たい、とのリクエストをもらいました。暗い写真やぼやけた写真はもってのほかですが、クオリティが高い写真でも、このように注意が必要です。

次に誤解を招かないよう現実に沿った写真を掲載することです。

例えば、部屋から見える景色で年に数回しか撮れないようなものがあったとします。それを前面に押し出して発信すると、実際に泊まった時の景色との落差に不満やクレームになることがあります。もしその写真を使うとしても、注意書きを入れるなど、期待値をある程度コントロールすることも大切です。旅館やゲストハウスなどでは部屋に洗面所・トイレ・風呂が付いているかは、宿選びの重要なポイントです。この点をしっかり伝えきれなかったために、トラブルや低い評価になってしまった施設がいくつもあります。ですので、文面で記載することはもちろん、写真でもわかりやすく伝えることがトラブルや低い評価を避けるためには重要です。

また国内客をメインに集客する場合、旅行日の3カ月前から予約を受け付ける施設が多いのですが、インバウンドを呼び込むなら、OTAで半年から一年先の予約を受け付けるようにしてください。特に欧米客は1年前から休みの計画を立てる方が多く、その際に検索してもヒットしなければ機会損失につながります。宿泊施設にとっては先の売上見込みが立つというメリットも得られますので、インバウンドを受け入れるなら先の予約をしっかり掴みましょう。

このようなグローバルサイトを活用する場合には、英語名にも気を配る必要があります。**使用言語を英語などの外国語に変えたときに、どのような表記になっているのかは、必ずチェックする**ようにしましょう。特に地方の施設の場合、日本語での登録名の直訳になっているためか、あまりに違和感の大きい名前になっていることも少なくありません。

どの言葉を英語に直すのか（例えば「駅前」を「Ekimae」にしている等）、どの言葉を日本語のままにするのか（例えば「旅館」を「Ryokan」にしている等）といったところは、一概に良い悪いは言えない部分も多いのですが、「自動翻訳しただけ」だったり「最初の設定のままになっているだけ」ということであれば、ぜひ改めてその言葉を使っている狙い（呼びやすさ、理解しやすさ、同業他社との差別化など）を考慮したうえで、英語表記にテコ入れをしてください。

この名前の英語表記に関しては、できれば外国語のネイティブスピーカーの方に協力依頼をしたほうがいいでしょう。

## 体験型コンテンツのネット予約サイトとしては、GetYourGuide、ViatorやKlook、

**KKday、Airbnb experience**などがあります。この体験型コンテンツにおけるオンライン集客は、物や形で見えにくいため、宿泊以上にクチコミの〝数〟が重要となります。サービスを提供したばかりのとき（掲載初期）は、価格を抑えて客を呼び込み、レビューがある程度溜まってくるのと並行して価格を調整していくという戦略も有効です。

さらに利用する写真、特にトップページに掲載するようなキービジュアルもかなり重要です。できれば**きちんとしたプロに依頼し、体験している人を含めた体験シーンの写真**を載せていきます。要は、楽しさが伝わるような写真にすることです。

どうしても地域の綺麗な風景や施設をキービジュアルにしたくなりますが、それよりも旅行者がどう楽しんでいるのかがわかることのほうが重要だからです。仮に子ども連れの家族に体験してもらいたいサービスの場合、子ども連れの家族の写真を載せるとよりターゲットに対して訴求できるので良いでしょう。

**飲食のOTAとしては、オープンテーブルや大衆点評**などがあります。高級レストランや星付きレストランに特化した予約サイトの**JPNEAZY**もあります。予約サイトを一元管理できる**テーブルチェック**のようなサービスもあります。テーブルチェックは事前決済なので、インバウンドを受け入れる際のリスクである無断キャンセルの対策にもつながります。

ただ、OTAは手数料がかかります。海外の宿泊サイトだと10%～20%程度ですが、体験アクティビティのサイトの場合は、15%～30%とやや高くなります。

ですので、その手数料を前提にして利益が出る価格帯にする必要があります。

小さな宿泊施設のインバウンド集客戦略としては、対策を施すOTAをできる限り絞り、そこで高いレビュー評価を獲得することです。

そのOTAにおいて知名度を高め、人気宿のポジションを確立するのです。逆にいうと、知名度もなく、人気もない宿は、インバウンドの新規客を直予約で獲得することは難しいでしょう。ただ、例外として、独自性の高い宿泊施設は**Instagram**などで情報発信することで、そこから直予約が入るケースも増えています。

いずれにせよ、まずはOTAをしっかり使い倒し、その上で直予約につながる取り組みを展開していくことをお勧めします。

宿泊施設にしても体験型コンテンツにしても、どういった価格帯で、どのくらい売れているのか、どんな内容と特典がついてくるのかといったリサーチをしたうえで、相場感や利益の出し方を研究していくことも不可欠です。

横並びで比較されるので、同じエリアの同じカテゴリーで、最も人気のありそうな1つか2つを徹底的に分析して、それに対してどう価格と内容のバランスを取っていくか、対抗していくかを考えていかなければなりません。

逆にいえば、地域のなかで先駆的な立場になることができた体験事業者の場合には、同じような事業者が入ってくる可能性を頭に入れながら、常に価格だけではない、真似しづらい訴求ポイントをつくっていく必要もあります。

もちろんリサーチした内容を踏まえてネーミングにも工夫が必要ですし、体験内容のボリューム感と価格のバランスなども調整していきます。

このリサーチにおいて、宿泊施設や飲食店と、体験型コンテンツとでは少し異なる点もあります。宿泊施設や飲食店は顧客が支払う宿泊費や飲食費が利益と直結しますが、体験型コンテンツの場合には「そうではないこともある」と考えるべきです。第4章でも触れましたが、あくまで体験事業は本業のための付加価値サービスであったり、顧客満足度の向上のためだったりするからです。

体験事業も提供している宿泊事業者であれば、宿泊費で利益を出せば良いので、体験型コンテンツの利益はトントンくらいでいいと捉えている経営者もいるということです。

体験事業のみを提供している小さな会社の場合、継続して事業を行っていくためにも、間違いなく利益は残さなければなりません。

この場合、ややハードルは高いのですが、トントンでも良いと考えている事業者の価格帯に引っ張られることなく、**サービスの質の向上や内容の盛り込みによって利益の出る価**

**格帯にまで上げていく**ことが大切になります。

## 24 予約・販売サイトにおけるレスポンスの方法

OTAのなかには、レビューに対して宿泊施設側としてのレスポンスが返せるようになっているサイトもあります。もちろんレスポンスを返したほうがいいのですが、管理の簡素化のために定型文ばかりだったり、日本人のお客様相手と同じように丁寧にすぎる文章であったりすると、せっかくのレスポンスもあまり良い効果につながりません。

例えば「スタッフの接客は至れり尽くせりで、最高でした」と書き込んでくれた日本のお客様に対して、こんな文章でレスポンスしたとします。

「この度はご宿泊頂きまして誠にありがとうございました。
ごゆっくりお過ごし頂けましたでしょうか?
まずはスタッフ一同、心より御礼申し上げます。

そして、大変高い評価を頂き、スタッフ一同感激しております！
私どももお客様とお会いできて嬉しかったです。
ありがとうございます！

当ホテルや東京でのご滞在をお楽しみ頂いたようで良かったです。
機会がございましたらぜひまた東京へお越し下さい。
頂いたご縁に心より感謝申し上げます。
ありがとうございました」

やや冗長ですが、そこまで大きな違和感はないでしょう。しかし、代表的な翻訳アプリの1つであるDeepLでこれを英語に直すと、以下のようになります。

「Thank you very much for staying with us.
We hope you had a relaxing stay.
Firstly, we would like to thank you from the bottom of our hearts.
We are very happy that you gave us such a high evaluation!

It was a pleasure for us to meet you too.
Thank you very much!

We are glad to hear that you enjoyed your stay at our hotel and in Tokyo.
We hope you will have the opportunity to visit Tokyo again.
We thank you from the bottom of our hearts for the opportunity you have given us.
Thank you very much.

かなり違和感のあるレスポンスとなっています。先ほども書きましたが、外国人観光客の多くはローコンテクスト社会であるため、もっとストレートな言い方が良いでしょう。感謝の一言を述べたうえで、その顧客との個人的なエピソードの1つに言及するだけで十分です。例えばこのようなレスポンスではどうでしょうか。

Thank you very much for staying with us.
We are very honoured that you have rated our hospitality so highly.
We hope to see you again.

こうした評価に対するレスポンスの管理・運営に関して、「英語ができないんだから仕方ない」という方もいるかもしれません。私は英語ができないこと自体は仕方ないと思っています。完璧な英語が必要であるとも思っていません。せっかくレスポンスを返しても、それが「いい加減に対応している」と見られてしまってはもったいないということです。

ポイントは、**基本となる定型文は複数用意すること。日本語を外国語に翻訳するときは、元の日本語をできる限り簡素化し、ストレートな物言いに変えたうえで翻訳機を活用すること。可能ならば、個人的なエピソードにも触れること**です。

在庫管理に関してはサイトコントローラーを用いて管理・運営を自動化できる部分も増えてきていますが、このレスポンスに関してはまだまだアナログな対応が求められているのも事実です。

## 25 ネット上で評価されたポイントをキャッチコピーに活用する

主に宿泊施設に特化して説明してきましたが、基本的な方向性としては、飲食店や体験事業者、観光施設に関しても同じです。

もう1つ、あらゆる業種のOTA対策にいえるのは、そのサイト全体を見渡したときと、自分たちが営業しているエリアに絞って見たときの2つの側面において、**自社のサービスの見え方を定期的にチェックする**必要があることです。

ブッキングドットコムの「サステナブル・トラベル」は2021年11月に運用を開始しました。比較的新しいといえますが、現在ではかなり重要な指標の1つとなっています。このようにOTAの仕様やOTAユーザーの志向性は凝り固まったものではなく、常に変化し続けているものです。したがって、繰り返しになりますが、定期的なチェックが不可欠なのです。

OTAを通じて自分たちに関する様々な評価を知ることもできます。そのなかには良いものもあれば、悪いものもあります。先ほども書きましたが、悪い評価に関しては、業務改善につなげていくべきですが、一方で良い評価に関しても、積極的に集客に活用していくことができます。

「家族みたいに過ごすことができる」という良いレビューがいくつも届いたゲストハウス(簡易宿所)がありました。そこでその経営者は、ゲストハウスのキャッチコピーとして、アットホームなゲストハウス、英語ではa guesthouse like your home away homeという表現を使うようにしました。この一言があるだけで、同ゲストハウスがどのような宿泊施設で、どんなゲストに来てもらいたいか（逆にいえば、どんなゲストには向いていないのか）が一発で理解できる表現になっています。

また、「スタッフの接客対応が素晴らしい」というレビューが複数届いたビジネス系のホテルがありました。そこで同ホテルでは、ＯＴＡに掲載するメイン写真をそれまでの無機質な建物写真から、笑顔のスタッフがお客様をアテンドしている写真に変更することで、集客を伸ばすことに成功しました。

第2章などでも触れましたが、既存の顧客にヒアリングしたりアンケートをもらったり、あるいは専門のコンサルタントや外国人に然るべきお金を払って色々とフィードバックをもらうといった方法もあるのですが、それ以前にＯＴＡを通じてわかることもたくさんあるということです。

## 26 全国通訳案内士・留学生・在住外国人を招待し、その体験を発信してもらう

外国人観光客と接点のある人、あるいは呼んでくれる可能性がある方々を招待し、その

感想をSNSやリアルでのクチコミを通じて発信してもらうことで集客していく方法もあります。

全国通訳案内士であれば、毎日のように外国人観光客を案内している方もいます。留学生を含めた在住外国人であれば、母国に住む友人や家族が来たときの目的地として選んでくれるでしょう。仮にスタッフのなかに外国人の方がいるならば、その方の知り合いや家族に体験してもらうこともできます。

**そうした方々に、彼らの母国語で、その体験を発信してもらっていく**のです。

加えて、国内にあるDMCのツアー造成担当者を招待するのも有効な手段です。例えば、「インバウンド　旅行会社一覧」などと検索すれば、複数のリストが出てきます。それらの会社に体験の案内をファックスで送ることも有効です。もちろんコンシェルジュがいるようなホテルに声をかけて、連携の形を探ってもいいでしょう。

**大事なのは、「体験してもらうこと」**です。体験してもらうことによって、自分の言葉を使って、説得力のある形で誰かに説明できるようになります。

有料で実施するか無料で実施するかは、ケースバイケースですが、ホテルのコンシェルジュや旅行会社を招待する場合には、無料でいいと思いますし、全国通訳案内士でも、案件をある程度抱えている方であれば、同じく無料招待でいいでしょう。

一般の留学生や在日外国人をどういう扱いにするのかは、その人との関係性や影響力に左右されるところですが、無料にしなくとも、意見交換会を実施する代わりに割引にするなどの対応を取るといいと思います。

体験事業の場合、無料での招待が実現可能なところもあると思いますが、宿泊施設の場合は無料では難しいという方も多いでしょう。無理のない塩梅で進めていくようにしてください。

注意点としては、**本番と同じような内容でサービスを提供するということと、「自分たちが何を期待して招待しているのか」をきちんと伝えること**です。単純に招待さえすればいいのではなく、自分たちのコンセプトや思いも伝えたうえで、「こういう人をお客さんとして呼び込みたいと思っている」という具体像を明確にして伝えていきます。加えてツール（案内パンフレットだったり、クーポンコードだったり）を渡していきます。

旅行会社を招待する場合であれば、どんなコンセプトのツアーに組み込んでもらいたいかを明確にして伝える必要もあります。

そうしたゴールをはっきりとさせた形で実施していかないと、ただただ無料で招待して、相手がハッピーなだけで終わってしまいかねません。

**ゴールを設定したうえで、ゴールを共有し、ゴールに向かっていくようにアフターフォローもする。関係性を一度切りのものにせず、継続して連絡を取り合っていくような関係**

**性**を目指していきましょう。例えばキャンペーンを打ったり、サービス内容を刷新したりするときには、その都度、情報として伝えられるような関係性を築くということです。

## 27 英語でつくった地図やクーポン、QRコード入りのチラシを配る

インターネットを使った空中戦だけでなく、リアルでの地上戦での集客として有効な方法の1つが、**英語でつくった地図やクーポン、QRコードを載せたチラシを外国人観光客が利用する場所に置いて配る**というものです。とてもあたりまえのように聞こえるのですが、実施していない小さな会社が多いのも事実です。

設置場所として考えられるのは、ホテルや観光案内所、最寄り駅の掲示板など、一言でいえば、地域のなかで外国人観光客が集まるような場所です。

地域のなかに50の宿泊施設があったら、外国人観光客がよく泊まるような宿泊施設は多くて2割。地域によっては1～2カ所の場合もあります。そうした場所を特定し、狙いを定めて配っていきます。

注意が必要なのは、**地域で最も由緒ある旅館や大きなホテルが、必ずしも外国人観光客に選ばれているとも限らない**ことです。インバウンドに限ると、小さな個人経営のゲストハウスが地域で最大の集客力をもっていることもあります。そのあたりは色眼鏡で見ることなく、冷静に分析しましょう。

これは宿泊施設に限りません。飲食店のなかにも不思議とインバウンドを集客する力をもっているところがあります（もちろん理由はあります）。体験事業者は、そうした飲食店にチラシを設置させてもらうと効果が出やすいでしょう。

そうしたインバウンド御用達の宿泊施設や飲食店では、オリジナルのエリア・マップを作成し、外国人の方々に配っていることもあります。そうしたものに掲載してもらうことも重要です。協賛という形で一定の費用を負担すると、連携しやすいかもしれません。

A4サイズ程度のチラシでもいいですし、ビジネスカードサイズの紙に簡単な自己紹介とホームページに誘導するQRコードを載せて訴求するのもいいでしょう。

なお、チラシに「QR Translator」というサービスを用い生成したQRコードを使うとユーザーの使用言語（43言語対応）に合わせて翻訳文を表示させることも可能です。

いずれにせよ、このあたりは、〝足で稼ぐ〟感覚に近いと思います。コツコツと地道に外国人観光客との接点ポイントをつくっていくほかありません。

# 28 自治体、観光協会、DMO、同業他社との連携・協働を考える

インバウンドに関わるプレーヤーを地域のなかで特定し、その方々と連携していくことも集客につながっていきます。具体的には、自治体の担当者はもちろん、観光協会やDMO、商工会議所の青年部やインバウンド部会などがあります。

加えて、**ぜひ連携の可能性を探っていただきたいのは、同じ地域の同業他社**です。同業他社と協働するメリットは、繁忙期にお客さんを融通し合えることと、インバウンドに取り組むためのノウハウの共有ができることです。

例えば外国人の専門家を東京から呼び寄せる場合。1社だけでは費用負担が大きいことがあります。ですが、地域のなかでインバウンドに積極的な事業者が2社、3社、4社と集えば、その分だけ費用負担は軽減していきます。語学研修、翻訳ツールの活用なども、1社で取り組むよりも複数社で実施したほうが、大きな成長曲線を描けるようになります。

また、インバウンドの集客を効率よく行うためには、「データ活用」によるトライ・アンド・エラーやPDCAサイクルを回すことが不可欠です。

このデータにおいても、複数社が集うことで、効率よく収集できるようになり、確度の高い集客施策につなげていけます。

もちろん独自のノウハウを盗まれたくないということで、競合とは組まないという事業者もいると思いますし、それはそれで悪くない選択肢です。

しかし、**これから本格的にインバウンドを呼び寄せようとしている段階のエリアの場合、日本のなかですでに先行しているエリアに追いつくためにも連携や協働は不可欠**だと私は考えています。

こうしたデータですが、顧客台帳のすべてを提示する必要はありません。月ごとの稼働率やどの国・地域からのお客様が多いのかという割合、属性とそのボリュームなどに限ったものであっても、地域全体で集めることで有意義なデータとなっていきます。

さらに、私は定量的なデータに加えて定性的なデータも共有するといいと思っています。「どんなことをしたら外国人観光客に喜んでもらえたのか」「どんな配慮が必要で、どんな配慮だと不要なのか」といったことをエピソードとして事例共有すると、地域全体のインバウンド対応力が上がっていきます。

私の大きな持論の1つとして、「**インバウンドは点ではなく面で受け入れるもの**」というものがあります。つまり、外国人観光客は事業者ごとではなく、地域全体で受け入れなければ、高い満足度を得られないという考えです。地域全体の評価が上がれば、その地域を訪れる外国人の数は増えていき、結果的に自分たち事業やサービスの稼働率も上がっていくのです。

日本人市場に関しては、人口減少に伴って縮む傾向にあるため、マーケットの奪い合いになりがちですが、インバウンド市場には伸び代があり、地域によっては何倍にも何十倍にも成長する余地すらあるので、地域全体で徒党を組むという発想も大切なのです。このあたりは、2020年に出版した拙著『インバウンド対応実践講座「エリア目線」で成果を最大化する成長戦略』にも詳しいので、ぜひ参考にしてみてください。

必要に応じて、国内客と外国人観光客で明確に切り分けて、インバウンドの部分に限っては連携するという協定を結んでもいいかもしれません。

具体的な競合他社との連携方法ですが、**自治体やDMOなどの機関が実施するインバウンド系のセミナーや勉強会に足を運んでみるのが手っ取り早い**でしょう。そうした場所に行ったら、講師の話だけを聞いて帰るのではなく、ぜひ隣に座っている方と情報交換をしていきましょう。同じ危機意識をもっているはずなので、連携の可能性は非常に高いと思います。

実際、弊社はインバウンドのセミナーや勉強会、交流会を２００９年頃から長年にわたって実施してきましたが、参加者同士でつながり、協働していった事例は、数えきれないほどあり、今では切っても切り離せないビジネスパートナーとなっていることもあります。

地域の観光協会でもＤＭＯでも、会員制を取っているところがありますので、できる限り参加していくようにしましょう。年会費が数万円程度かかるのが一般的ですが、そうした団体にはインバウンド系の取り組みや情報が集約してきますので、効率よく有力な情報を手に入れることができます。

仮に海外の旅行会社から地域のＤＭＯに問い合わせがあった場合、当然ですが真っ先に会員に情報を共有し、連携する可能性を探ります。

小さな会社のなかには、頑なに「インバウンドは嫌だ」と嫌悪する事業者も少なくないのが実際のところです。ですので、裏を返せば自治体やＤＭＯ側としても、やる気のある事業者はとてもありがたい存在だといえます。「うちはインバウンドへの取り組みに積極的です」ということを知ってもらうだけでも意味があるのは、そうした背景もあります。

ほかにもインバウンドに紐づいた補助金制度なども国や自治体から出ていたりするので、それらの情報にいち早くアクセスできるのも、自治体やＤＭＯと連携するメリットとなります。

**DMOとの連携を考える際には、できる限りプロパー職員とつながることも意識すべき**です。というのも、新たな組織であるDMOには出向などの期間限定職員も少なくないためです。彼らとつながっても意味がないということはまったくありませんが、末永く連携していくことを考えるならば、〝キーパーソン〟であるプロパー職員とつながるに越したことはありません。

## 29 クチコミサイト「トリップアドバイザー」でアワードの受賞を目指す

自分たちが集客に使っているメインのサイト、それはOTAであったり、クチコミサイトのトリップアドバイザーであったりするでしょうが、そうした**サイトでアワードの受賞を目指す**ということも、集客施策としてはポイントとなります。

このアワードは、クチコミの数と評価の高さ、そして鮮度(一定の期間内にいくつのクチコミがあるか)から算出されます。

なお、トリップアドバイザーは日本に来る外国人観光客が多い市場のほぼ全てをカバーしており、世界の旅行関連サイトとしても最も利用者数の多いサイトの一つであり、インバウンド対応では必須だと言えます。

まずは、本章ですでに触れたような、クチコミ内容を受けたサービス改善やクチコミへの返信などにしっかり取り組んでください。

OTAは複数あるので、アワードの受賞を目指すなら、サイトを絞って、集中的に取り組むことが効果的です。

また、過去のアワードの受賞者の取り組みを分析し、参考にすることも大切です。ベストなのは、**実際に自分自身がお客さんとなって、サービスを体験しに行く**ことです。インターネット（クチコミサイト）上ではわからない細かな部分にも気づくことができるはずです。

アワードの受賞のためだけではありませんが、自分自身が外国人観光客となって、世界中の宿泊施設や飲食店、体験事者をまわってくることも大切です。

実際、トリップアドバイザーの「2023トラベラーズチョイス ベスト・オブ・ザ・ベスト レストラン」の高級店部門において、アジアで1位となったのは「伊勢すえよし」という西麻布の割烹店ですが、同店を始めた板前さんは、料亭での修業の後、世界一周の旅を経て、自身のお店を開いたといいます。その結果、見事に先ほどのアワードを取得しています。

ここまでにも紹介してきたゲストハウスのFUJITAYA BnBの創業社長の藤田勝光さんもトリップアドバイザーのアワードの受賞歴がありますが、1年間の世界一周旅行や内閣府主催の世界青年の船への乗船を経て、同宿泊施設を創業した経緯をもちます。

SATOYAMA EXPERIENCEの代表・山田拓さん然り、Japan Wonder Travelの株式会社羅針盤（旧ノットワールド）の代表・佐々木文人さんと河野有さん然り、そうした事例は枚挙にいとまがありません。

彼らに受賞理由を聞くと、口を揃えていうのが、「特別なことはしていない」ということです。これまで様々なノウハウを説明しておきながら矛盾するようなことを書いて恐縮なのですが、「**自分自身が相手の立場になって、求めていることを先回りして提供すること**」。それ以上に重要なノウハウはないのかもしれません。

## 30 中国人観光客は独自路線。押さえるべきは「大衆点評」と「Trip.com」。ウェイボーとウィーチャットの運用は難しい!?

中国人観光客の集客は、その他の世界の国や地域とは一線を画しているといえます。

もちろん中国人観光客のなかでも世界中を観光で飛び回っているような、個人旅行の中・上級者はグーグルマップやトリップアドバイザーなど、グローバルサイトをドシドシ使っていく傾向も出てきています。

しかし、基本的には宿泊施設であれば「**Trip.com**」が強く、アリババ系の「**Fliggy**」が次点となります。飲食系であれば「**大衆点評**」が圧倒的です。

そのほか、小売店は通称レッドブックとも呼ばれる「**小紅書**」が利用されます。旅行体験のシェア媒体としては、**ウィーチャット**と**ウェイボー**が、相変わらず利用頻度が高くなっています。

特に「小紅書」は、Eコマース機能もついていたり、インフルエンサー(KOL)による発信が盛んであったりと、そこで物を売るときにも使えるサイト(媒体)になります。ただ、アカウントをつくるのが有料であったり、インフルエンサーを使ってＰＲするにしてもお金が嵩んだりすることがポイントとしてあります。ですので、結論からいえば、**この「小紅書」は小さな会社との相性はあまり良くない**と思っています。

一方で、**「大衆点評」は無料版と有料版の両方があるので、活用していける**と思います。先ほど飲食系が圧倒的と書きましたが、そのほかショッピングやホテル、クリニックなど掲載情報は多岐にわたります。

ある統計データでは、訪日中国人のうち、55%以上の人が「大衆点評」で日本旅行中の目的地を調べているそうです。その数はトリップアドバイザーをも上回るほどといわれています。

この「大衆点評」を運営するうえでのポイントは、第4章でも詳述した「体験要素」を盛り込むこと。さらに、ストレートに日本らしさを表現していくこと。日本人客向けと同じような〝おもてなし〟を前面に出してサービスを提供していくことです。

ただし、**インセンティブを使ってクチコミを集めようとしたり、自分たち店舗のクチコミを手前味噌で書いてしまったり、政治的な内容に触れたりといったことは厳禁**です。注意しましょう。

宿泊系に強いＯＴＡの「Ｔｒｉｐ．ｃｏｍ」に関しても、無料でホテルアカウントの登録ができます（販売手数料は別途発生）。活用法については、大きく変わりませんので、すでに本書で説明した内容を参考にしていただければと思います。

いずれにしても、中国人観光客に関しては、独自のプラットフォームが影響力を持っているので、彼らを集客したい場合には、それらを使わない手はないということです。

一方でウェイボー（微博）やウィーチャット（微信）を自社で運用していくのは、小さな会社にはやや荷が重いと思っています。自分たちで公式アカウントをもって積極的な情報発信に取り組むというよりは、ウェイボーやウィーチャット上でクチコミを投稿してもらえるように写真スポットを用意したり、QRコードでクチコミ投稿を促進したりといったほうがハードルが低く、現実的です。

もし自社でこれらの中国系のSNSを本格的に運用していきたいと考えているのならば、ある程度予算をかける覚悟で専門家に相談してみてください。

# 第6章

# 今日からできる、客単価アップを実現する「接客術」



INBOUND

# 31　現場での接客次第で客単価は倍増できる！

飲食や小売では、接客現場での最後のひと押しによって売上が大きく変わってきます。みなさんは百も承知でしょうし、釈迦に説法の部分も多いと思いますが、本章では、相手が外国人観光客だからこそ忘れてはならない接客のためのポイントをお伝えしていきます。接客現場でのちょっとしたことで、外国人客の単価は倍増できます。2つの事例を紹介します。

とある買い物中の中国人観光客が青の帽子にするか、赤の帽子にするか迷っていたことがありました。そこですかさず店員さんが、「どちらもお似合いですよ。1つはお客様用、1つはご家族用として、両方を購入してはいかがですか？」とオススメしたところ、2つとも売れました。

もう1つは、とある貸衣装と記念撮影のサービスを提供している体験事業者の話です。そこのお店では、通常価格の甲冑を3つとおよそ2倍の料金の甲冑を用意しています。同じ甲冑ならば通常価格のものを選びそうなものですが、そのお店では2倍の料金の甲冑が大変に人気です。その理由は現場の接客スタッフの一言にあります。「実は、この伊達政宗の甲冑は『スター・ウォーズ』に出てくるダース・ベイダーのモチーフになったといわれているんですよ」と案内しているのです。

このような**現場スタッフのちょっとしたコメント**に加え、本章で後述していく店頭に設置した**POPでの訴求、商品陳列の工夫**などで売上は大きく変わってきます。

そんな単純なことで変わるのかと思われるかもしれませんが、現状はできているお店とできていないお店にはっきりと分かれ、売上にも影響を与えています。そして、残念ながら小さな会社には後者が多いのも事実です。なぜでしょうか。

1つには、人材不足ということがいえます。外国人客に対して積極的に接しようとする現場スタッフが少ないという問題です。そこで小さな会社が目指すべきは、接客スタッフのマインドセット（固定化されたものの考え方）を変えることと、ツールの整備や仕組み化によって〝マンパワー〟に頼らない売れる仕組みを整えることです。

もちろんすでに実施していることも多いでしょうから、おさらいの意味も込めて、みなさんの会社ができているかを確認していっていただければと思います。

# 32 基本のマインドセットは日本人客以上に「伝えること」「言語化すること」

これから説明していくような接客現場での工夫を実行する前に、まずは接客スタッフのマインドセットを変えていくことを目指しましょう。

ここまで繰り返し触れてきているように、日本人客と外国人客における最大の相違点は、コミュニケーションにあります。

単純に使っている言語が違うということだけではありません。基本的な価値観を共有していて〝察する〟という文化のなかにいる日本人同士と、異なる価値観や文化的背景をもつ外国人相手では、意思疎通を図るうえで重視すべきことがまったく違うということ。端的にいえば、**外国人客に対しては、積極的でストレートな接客をすべき**です。

日本的な〝察する文化〟の象徴的な概念がおもてなしです。おもてなしには様々な解釈がありますが、「相手にいわれなくても先回りして準備し、さりげなく対応するもの」という説明で違和感は覚えないかと思います。

残念ながら、そうしたおもてなしは、日本人客には効果的であっても外国人客にはマイナスに働く可能性があるといえます。

外国人客は要望があれば、言葉や態度に表すからです。

もちろんあらゆる国の人たちがあてはまるわけではなく、韓国やインドネシアなど日本と同じように察する文化をもつ国も少なからずあります。ただ、程度の差こそあれ、基本的には日本ほどのハイコンテクストな国はないと考えてもいいと思います。

実際、我々のクライアントの商業施設の現場アンケートで、外国人観光客がもつサービスや接客に関する最大の不満としてあがったのが、「無視されていると感じた」というものでした。

コミュニケーションをすっ飛ばし、先回りした接客で喜んでもらおうとすればするほど、本当に相手が求めているものを聞き逃してしまったり、居心地の悪さを感じさせてしまったりすることがあるのです。

まずは接客現場に立つ人間の全員が、日本人客以上に「伝えること」や「言語化すること」が重要であるというマインドセットをもつようにしてください。

そのマインドセットをもったうえでやるべきなのは、「聞くこと」です。日本人客に対して実施しているさりげないサービスがあったとしたら、それを黙って外国人客にも提供するのではなく、**「やりたい？」「ほしい？」「どう思う？」と一言で聞けばいい**のです。

価値観や文化の違いだけではなく、単純に外国人観光客にわかりづらいので、きちんと伝えるためのひと手間を加えたほうがいいということもあります。

例えば飲食店で、海外でも知名度の高い和牛が入っていないAプランと和牛が入っている高価格のBプランがあったときに、「当店の目玉料理である和牛が入っているのはBプランです」という価値をしっかりと伝えるか否かで、Bプランの売上、ひいては店全体の売上は大きく左右されます。

いずれにしても、インバウンドの売上アップを目指すのであれば、積極的にコミュニケーションを取ることと、相手目線での付加価値となる内容を言葉にして伝えるようにしていきましょう。

# 33 Tシャツにジーパン姿でも資産は100億円超!? 見かけで判断してはいけない理由

外国人観光客は、お金持ちだからお金持ちみたいな服装をしているわけではありません。したがって、見かけで判断して、接客する相手に優先順位をつけるということはしてはいけません。

外国人客からの売上を増やすには、積極的なコミュニケーションが欠かせないことは前項で説明した通りですが、それは相手の見た目に関係なくあてはまることです。

Tシャツにジーパンにスニーカーという程度のラフさから、タンクトップにサンダルに短パン姿ということもあります。ひと目見ただけでは、仕事ができそうには見えない方でも、資産何十億円、100億円超という富裕層や超富裕層であることが、ままあります。

これは日本人に関しても同じことがあてはまると思いますが、日本人以上に振れ幅が大きいのが外国人観光客であるということを忘れないようにしましょう。

特に現場スタッフに対しては、**「この人はうちのお客さんだけど、あの人はうちのお客さんじゃない」ということを見た目で判断しない**ように、と伝えるようにしてください。

私自身、10年以上にわたってゴルフツーリズムを通じて海外の富裕層の方々とお付き合いするなかで、想像以上にラフな格好で来日される外国人観光客の方たちと触れ合ってきました。富裕層に特化した旅行会社のみなさんも一様に同じことをおっしゃっています。

少し古い2018年のものですが、OTAの最大手であるブッキングドットコムの調査でも、「旅行先ではいつもよりファッションに気を遣う」と答えた日本人が58％だったのに対し、世界（調査対象となった日本以外の28カ国）の旅行者の平均は39％にとどまっています。

売上アップを目指すのならば、**相手の格好で判断することなく、まずは積極的に接客してみる**こと。どんな見かけだろうと、「そんな高額商品・サービスは選ばないだろう」と決めつけず、**上位（高単価）の商品・サービスを説明し、勧めること**。この2つを意識するだけで、売上は大きく伸びる可能性があります。

# 34

# 外国人観光客が求めているのは、「あなたのオススメ」と「その理由」

「あなたのオススメはなんですか？」という質問は、接客現場にいると本当に頻繁に聞こえてきます。実感値としてですが、10組の外国人観光客がいたら半数の5組以上、場合によっては7〜8割の方は、聞きたいと思っている質問ではないでしょうか。

このときにインバウンドが求めている回答は、機械的なものではありません。彼らは、実感の伴った個人的でオリジナリティがある意見を参考にしたいと思っています。

ですから、**この質問に対して、接客現場にいるスタッフが、個人的な経験をもとにした理由とともに、いくつかのオススメの選択肢を提示できるようになっていると、売上を劇的に伸ばすことができる**ようになります。

このことを鑑みて、小さな会社の経営者として考えたいのは、現場スタッフの教育です。4つのステップで進めていくといいでしょう。

**1つ目のステップは、会社やお店としてのオススメを決める**ということです。「一番人気」や「旬の逸品」「ここでしか味わえない」など、その理由も含めてリコメンドするための定型文をつくりましょう。理想的なのは暗記することですが、覚えられない場合は、想定問答集（Q＆A）を用意し、スタッフがすぐに参照できるようにします。差別化している点や訴求ポイントを考える際には、窓口担当だけではなく、経営層はもちろん、料理人やツアーガイドなどの現場で活躍している人たちも巻き込んで行っていくべきです。

次のステップは、最初のステップで決めた**お店や会社としてのオススメに、スタッフの感想を付け加える**ことです。オススメする内容自体は同じでも、スタッフ自身のオリジナリティある意見や感想を付け足せるようにします。これを実現するためには、接客現場に立つ人への多角的な投資が不可欠です。

すでに実施済みの会社が多いと思いますが、まずは自分たちのお店が提供している商品やサービスをスタッフに体験してもらいましょう。その際、「自分自身の感想が言えること」「自分なりの説明ができること」を目指すように伝えます。自分なりの言葉を言えるようになるためには、同業他社の商品やサービスを経験することも大切です。そこで経営者としては、研修奨励金や自己研鑽支援費といった形で費用を負担することで、積極的な学びを推奨していきます。もちろん個人個人で経験して終わりとするのではなく、学んだことや考えたことを共有する場をつくることで経験値の横展開ができると、会社やお店全体のよりよい接客へとつながっていきます。

3つ目のステップは、**オススメを聞かれたときに、「質問」というワンクッションを入れるという取り組み**です。「あなたのオススメは何ですか？」と聞かれたら、すぐに自分の意見を言うのではなく、まずは「どんなものがお好みですか？」「どういったものを探していますか？」という質問をすることによって、相手が満足する確度の高い回答を出せるようになります。

売上アップや客単価向上の基本的な考え方の1つは、「あなただけ」の要素をいかに入れられるかどうかです。オーダーメイドやカスタマイズ、あるいはパーソナライゼーションなどと呼ばれますが、顧客のパーソナリティに合わせて調節したものを提供するという考え方です。実際、旅行トレンドを牽引しているともいわれるラグジュアリー（富裕層）マーケットにおいては、このパーソナライゼーションが大きなトレンドの1つとして注目されています。

4つ目のステップです。**会社やお店オリジナルのオススメマップや冊子、デジタルツールの作成**です。これは2つ目のステップや3つ目のステップと並行して進めてみてもいいかもしれません。事例で紹介しましょう。

星野リゾートの第4のブランドであるOMO（オモ）。2018年に始まり、現在（執筆時点）では全国に16施設ある都市型のホテルです。「街をこよなく愛するスタッフが地域の方々と仕掛ける、新感覚のホテル」として知られますが、その仕掛けの1つとして「デジタルご近所マップ」を東京・大塚のホテルロビーに設置しています。そこにはガイドブックなどには出てこない、スタッフたちが〝足〟を使って見つけ出したディープでローカルな情報が掲載されています。さらに、最新の情報（クチコミやキャンペーン情報など）が集約されるシステムも搭載しています。

そのような最新のツールを使わなくとも、ちょっとした冊子やチラシにして配ることで喜ばれている事例もあります。商店街のなかにある「まちごとホテル」として知られる「SEKAI HOTEL」では、地域のオススメが記載されたオリジナルマップとともに、各店舗での特典がついてくる「SEKAI PASS」というカードも配っています。

手書きで作製したものでも十分です。大事なのは、そこにしか載っていない〝生の情報〟があるかどうかです。

# 35 英語ができないならば、「ツール」を使い倒そう

小さな会社のなかには、「言語」を理由に外国人観光客の受け入れに消極的なところがたくさんあります。先ほど紹介した「オススメ」に関しても、うちにはハードルが高いと感じた方もいたことでしょう。

そこで検討したいのが、言葉の壁を乗り越えるための様々なツールです。

**翻訳アプリ、指差し会話帳、ポスター・パンフレット、コールセンターなど実に様々なツールがあります。**ある程度、会話内容が限定されるようなお店であれば、指差しでコミュニケーションが取れるようなものを製作し、それを置いておくだけで接客が円滑になります。

ミスコミュニケーションによって生じる顧客1人あたりにかかる無駄な時間を短縮できれば、その分、次の顧客を接客できたり、前項で記した付加価値の部分を推奨する時間と余裕が生まれ、売上増加にダイレクトにつながっていきます。

その内容自体は、もちろん専門家に見てもらって製作していくこともできますが、国や自治体、商工会議所などの公的な団体を含め、有料・無料にかかわらず様々な種類のものがインターネット上に公開されています。飲食、小売、会計など、シチュエーション別にわかるようになっているものも多いので、自分たちのビジネスに必要な用語をピックアップするなどして、ぜひ活用していきましょう。

もっと自由な会話のなかで使える通訳・翻訳ツールとしては、グーグル翻訳やVoiceTra（ボイストラ）、DeepLなどがあります。無料かつ普段使っているスマホで使えるものも多いので、気軽に試してみてはどうでしょうか。

さらには夢のＡＩ通訳機を謳うポケトークは、様々な翻訳ツールを組み合わせることで、スピーディで質の高い通訳を実現しています。実際に現場で使っている鉄道会社もありますので、試してみてもいいかもしれません。

コールセンターに関しては、月額で数万円以上になるので、小さな会社で導入するのはやや金銭的に厳しいといえます。

近年では、お客様のスマホを利用したデジタルメニューのソリューションも増えています。デジタルメニューであれば、言語の対応はあらかじめ入力しておけるので、お客様側もお店側も負担をかけることなく、スムーズな受発注ができます。

このデジタルメニューのなかには、リコメンド機能を搭載しているものもあるので、マーケティング用語でいうアップセルやクロスセルの商品を自動で提案できるようになり、売上アップにつながっていきます。

## 36 団体客の場合は行程がタイト。最大限にPOPを活用しよう

団体客の場合、〝時間勝負〟なところがあるのも事実です。ですから、いちいち悠長に翻訳ツールを使ってコミュニケーションを取っていたら、売上を逃すことになります。店の売れ筋をわかりやすくランキング表示しておくと、短い時間でも選びやすくなります。

また、ＰＯＰを最大限に活用することを検討しましょう。

その都度「こちらの商品は５０００円なので免税対象になっていますよ。いかがですか？」とオススメするのではなく、「免税対象商品」と掲げたり、「２つ買ったら１つおまけですよ」と口頭で伝えるのではなく、「２ ＧＥＴ １ ＦＲＥＥ」と書いたり。「３つ以上購入したら、１つあたりの価格が割引される」「店長のおすすめ」「限定商品」などの説明も、

すべてＰＯＰ表記していきます。

このＰＯＰの表記ですが、英語だけでなく、中国語（繁体字と簡体字）や韓国語、ベトナム語などと、多言語表記を増やせば増やすほど、見づらくなっていきます。団体客の特徴は集団として同じ言語を使うケースが多いことです。したがって、**どの言語を使う団体客かによって、ＰＯＰを差し替えられるようにしておく**と便利です。

すでに団体旅行を催行している会社と話が通っているならば別ですが、もしもそうではない場合で、団体客の一部が頻繁に来店するようなケースでは、どんな旅行会社のツアーなのかを調べたうえで、その会社にコンタクトを取りましょう。

バスの移動中に、ちょっとした販促ツール（どんなサービスや商品があるのか、どのようなセールやキャンペーンを行っているのかなどを載せたもの）を配っておいてもらえることもあります。これも団体客のスムーズな買い物等に有効です。

## 37　説明いらずのメニューとは？　押さえるべき５つのポイント

飲食店でメニューやＰＯＰをつくるときのポイントを５つ紹介します。

**メニュー作成のポイント**

**外国人に優しいメニューを作成して、お店に対する満足度を高めましょう！**

メニュー例

1 **Hire Katsu Dinner** (Pork Tenderloin Katsu)

ヒレカツ定食

**1300** yen

Japanese food which consists of a breaded, deep-fried pork cutlet.
**The Ingredients**：Pork, White rice, Bread crumbs, Sesame, Sauce(made of onions, carrots, tomatoes, apples and over 10 different spices), Cabbage
**How to eat**：Grind sesame in a small bowl, then put flavor sauce in it. Dip a piece of Tonkatsu and taste it.

1 写真を載せる
2 注文しやすいように番号をつける
3 料理の説明を添える
4 食材をピクトグラムで記載する
5 食べ方を説明する

1つ目は**「写真を掲載すること」**。写真は必ず載せてください。インターネットで取得できるフリー画像よりも、実物を写真で撮ったものを使ったほうが訴求力は高くなります。ただし、ピントがズレていたり、余計なものが写り込んでいたり、暗すぎたりといったことはないように気をつけてください。当然ですが、実際に提供するものと異なる写真はNGです。仮に季節によって変わるメニューであるならば、その旨をきちんとわかるように掲載しましょう。

2つ目は注文しやすいように、**「番号をつけること」**です。オーダーミスを減らすこともできます。ときどき見られるのは、看板商品だけを写真に載せているメニューのなかで、番号をつけ忘れているケースです。その写真がどの商品のものなのか、日本人ならばすぐに理解できるかもしれませんが、外国人には難しいので、気をつけましょう。

3つ目は**「料理の説明を添えること」**です。例えば「海鮮丼」の場合。日本語だと、それだけで料理の内容が想像できますが、これを「Kaisen Don」とローマ字表記にしても、料理の内容はまったくイメージできません。ですので、Kaisen Donの後ろに、Sashimi Rice Bowlといった説明を付け足すようにします。

同じく「海鮮丼」の写真を掲載する場合、丼いっぱいに海鮮がのっていて、ご飯（ライス）が見えなくなっている場合もあるでしょう。そうしたときには、必ず海鮮の下にご飯が入っていることがわかるようにしなければなりません。言葉で説明してもいいですし、お箸でつまんでいるシーンを使ってもいいでしょう。

4つ目は、**「食材をピクトグラムで記載すること」**です。外国人観光客のなかには、アレルギーや宗教上の理由などから食べられないものがある人も少なくありません。当事者としては、非常にセンシティブな問題ですので、言葉での説明以上にわかりやすいピクトグラムでの表示が好ましいと考えています。具体的にどのような表示が不可欠なのかは、消費者庁の「食物アレルギー表示に関する情報」などにも詳しく掲載されていますので、参考にしてください。

5つ目は**「食べ方の説明」**です。外国人客には、どのように食べたらいいのかわからないことも多いので、ステップバイステップでわかりやすく説明します。加えて、どんなものと食べ合わせたら美味しいのか、どんな飲み物との相性がいいのか、オススメの食べる順番はあるのか、薬味はどんなふうに扱ったらいいのか、といったことも補足情報として載せてもいいでしょう。ただ、あまりに細かく説明書きをすると、よくわからないものになってしまいます。「食べ方」に関しては、メニューとは別に用意し、必要に応じて渡したり、壁などに掲示したりしてもいいでしょう。

## 38　試飲、試着、試食、試用の4つの「試」で背中を押す

あるギフトショップに入ったときのことです。1つ5000円の「ぐい呑み」が売られていました。高品質で知られる有名な老舗店のもので、間違いなく素晴らしい逸品です。しかしながら、非常に残念なことがありました。ビニールの包装紙でがっちりとパッケージされていて、直に触れることができないようになっていたのです。高価な商品なので、やたらめったらに触られたら困るのでしょう。そこでレジの近くや特別な展示場所など、

味の違いを試せるようにしているロンドンのストリートマーケットのカレー屋

店員さんの目が届くところにお試し品を置いてあるのかもしれないと探してみましたが、どこにも見当たりませんでした。

もしも私がそのお店の経営者ならば、来客いただいた方に、その商品の素晴らしさを体感してもらおうと、あらゆる工夫をするでしょう。仮に提供元であるメーカーからパッケージして展示するよう指示が出ていたとしたら、「お試しいただけます」と大きく掲示し、個別対応できるようなオペレーションにすると思います。

このような〝もったいない〟事例は、至るところで見かけます。

**「試す」というのは、大きく売上を左右する要素の1つ**です。特に外国人客の場合、それがどんなもので、どんな使い方や食べ方、飲み方ができるのか、どんな味がするのか、わからないことだらけです。日本人なら誰でもイメージできる醤油味の煎餅も、外国人客には味も食べ方もわからないのです。

日本酒も同じです。いろいろな種類の日本酒があるなかで、どれを買ったらよいかわからない。やはり購入する前に、少し試してみたいものです。

ただ、「試す」という行為には、リスクも付きものです。壊れてしまったり、汚れてしまったりといったことが、少なからず発生します。私の知り合いが東南アジアで経営している日本のものを置いている物販店では、**「触ってOKだけれど、壊してしまったら購入したと見なします」**と書いた紙を掲示しています。それだけで商品が破損する回数が劇的に少なくなったそうです。

試飲や試食に関しては、無料で行うこともできますが、有料にしてもいいかもしれません。特に高価格帯のものは、購入する側のハードルも高かったりするので、飲み比べや食べ比べのサービスとして有料で提供するという手もあると思います。

日本茶などにあてはまりますが、急須に淹れて湯のみ茶碗で飲むというような一連の動作がイメージしづらいものもあるので、自分の国にもって帰って使うシーンを想定できるようなプレゼンテーションをすることも大切です。

例えば京都・伏見にある酒蔵の見学ができる「月桂冠大倉記念館」では、入場料600円のなかに3種類の利き酒が付いています。こうした取り組みは、間違いなく売上アップにつながっていきます。

## 39 中身が見えないものは売れない。中身を見せて初めて売れる可能性が出てくる

日本人客相手のお店でも対応しているところは多いですが、やはり中身が見えるものと見えないものだったら、見えるものが売れます。その原理原則はわかっているものの、小さな会社やお店になると、対応できていないところが目に付きます。

ただ、小さな会社やお店には、商品のサプライヤーから試供品が提供されていないなど、中身を見せられない事情もあるでしょう。その場合には、**中身がわかる写真を載せたPOPを掲示する、商品の中身や使い方を撮影した動画や写真をスマホやタブレットで見せる**といったこともできます。

中身が見えない、中身がわからないというのは、パッケージングだけの話ではありません。例えばいちご大福。大福のなかにいちごがまるごと入っていることも多い商品ですが、外国人の視点からすると「まさか、まるごといちごが入っているなんて」という感じでし

ょう。したがって食べ物の中身（具）がどんなものなのかを見せられると、売上を伸ばすことができます。

中身が見えるというのは、別の意味合いもあります。何でできているか（原材料）についてもいえることです。

例えばきなこ餅のきなこ。きなこの原料（ingredient）は外国人にはわかりません。おそらく何も説明しなければ、外国人客はきなこ餅を買うことはないでしょう。しかし、大豆でできているヘルシーなベジタリアンフードであることを英語で説明できれば、一気に購入可能性は高まります。

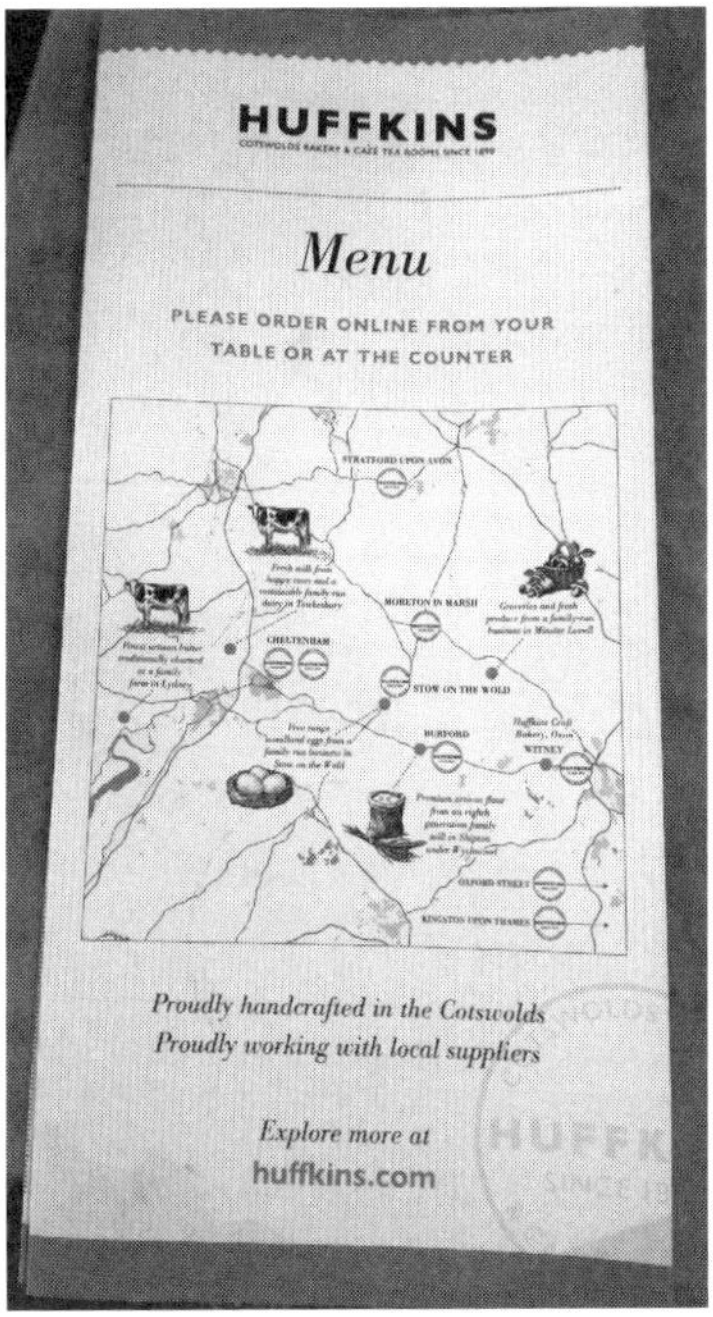


地域で調達した素材を使っていることを説明しているメニュー

大阪・黒門市場を訪れた際、パパママ・ストア的な小さなお惣菜屋さんが、きなこ餅にも英語の説明書きを載せたPOPを掲示していました。そこで切り盛りしていたお母さんは、英語がほとんどできないそうですが、きなこ餅を買う外国人は少なくないといっていました。

## 40 目の前で焼いてその場で食べてもらう「ライブ感」を

接客現場で「ライブ感」を演出することでも売上を伸ばすことができます。

目の前で焼いてあげて、お店の横に設置したテーブルでそのまま食べてもらう。先ほども例に出した大阪・黒門市場では、そんなお店が２０１９年をピークに人気を博していました。コロナ禍に入って苦境に立たされたのですが、外国人観光客が戻ってきた２０２３年の執筆時点では、その当時の活気が戻ってきています。

和牛や海鮮など、その場で食材を選ぶと調理してくれるようなお店もあれば、おでん、お惣菜、ホルモンなど、食べ歩きできるように取り分けてくれるお店もあります。

屋台や夜市、朝市のような感覚で、**買ってその場で食べるというライブ感のある行為は、いまなお外国人は好き**なのです。

そうしたライブ感は写真撮影にも向いています。その写真がＳＮＳやクチコミサイトなどを通じて拡散され、さらなる顧客を呼び込んでくれます。

同じく大阪・黒門市場で、ライブ感を意識したとある取り組みもありました。海鮮系のお店で、あえて牡蠣を閉じたままの状態で売り、注文が入ったらお客さんの目の前でオイスターナイフを入れてパカッと開けて、「どうぞ」と渡していました。こうした演出も旅の高揚感を上げてくれます。不思議と財布の紐もゆるくなっていきます。

もちろんこうしたライブ感のある演出があるのは、大阪・黒門市場だけでなく、築地をはじめ、全国でいくつも出てきています。自分で食べたいもの（具材）を市場のなかでピックアップしていく、青森魚菜センターの「のっけ丼」もあります。

実は、日本人の普通のおじさん・おばさんが接客してくれているところも、外国人客の琴線に触れる部分です。おじさん・おばさんどころか、おじいさんやおばあさんが接客していることが、むしろ付加価値として捉えられることもあります。

それと同じ意味合いで、地元の普通の住民が買い物している姿やお店の人との会話を楽しんでいる様子も、実はライブ感につながっています。**その地域の生活の一部にお邪魔させてもらっているという感覚は、旅の満足度アップに直結する**からです。

したがって、いくら外国人客にウケるからといって、地元の住民がまったく立ち寄らなくなってしまえば、その場所の魅力としては半減してしまいます。これは小さな会社がやるべきことというよりは、もう少しエリア全体をマネジメントする立場にある組織がやるべきことかもしれません。いずれにしても、地元客と外国人客を共存させていく取り組みを地域全体で行おうとしている場合には、小さな会社やお店としては、短期的には負担に感じるかもしれませんが、積極的に協力するようにしなければなりません。

## 41 カード決済を導入するだけで売上アップ。中国人観光客にはWeChat PayとAlipayが必須

コロナ禍で日本のキャッシュレス決済の普及は大きく前進しました。経済産業省によると、2022年のキャッシュレス決済額は、111兆円にものぼったようです。しかし、世界のキャッシュレス決済先進国と比べると、まだまだ現金決済の存在が強く、外国人客が不便に感じる場面も少なくないようです。

やや古いデータになりますが、日本クレジットカード協会が2016年に行った調査

「浅草・仲見世商店街における『クレジットカード利用動向』調査結果」によると、現金支払いにおける1人あたりの平均購入金額は2825円だったのに対して、クレジットカード支払いにおける1人あたりの平均購入金額は4557円でした。**およそ1・6倍もの差がありました。**クレジットカードには手数料がかかることは、読者のみなさんのほうが詳しいでしょう。では、この手数料を含めた利益としては現金決済とクレジットカード決済のどちらが大きかったのでしょうか。

仮に利益率が25％で現金支払いの場合、利益は706円になります。他方で、クレジットカード決済の手数料が3・74％の場合、クレジットカード決済の利益は969円になります。この計算によれば、クレジットカードを導入したことによって、利益額が上がっていることになります。キャッシュレス決済サービスが乱立した2010年代後半より、この手数料は下がる傾向にあるので、キャッシュレス決済を導入したときのメリットは、より顕著になって出てきているでしょう。

加えて、自国のキャッシュレス決済がそのまま日本でも使えたら外国人観光客にとってはとてもありがたいものです。単にVISAやMastercard、American Expressといったグローバルに展開するクレジットカード決済に対応するだけでなく、**タイでよく使われているPromptPay、ベトナムのMB、韓国のGLN、中国ではWeChat PayやAlipayといった具合に、各国の主流のキャッシュレス決済に対応していく**ことで、よりその効果は大きくなります。

## 42 写真撮影NGは厳禁。特に中国人観光客は写真や動画撮影を通じて自国に住む家族や友人のために買い物をする

特に中国人観光客にあてはまることですが、写真や動画撮影をOKにするかNGにするかで、売上に大きな差が出てきます。

なぜかというと、中国人観光客のなかには、旅行中に自国に住む家族や友人のリクエストに応える形で買い物代行をすることが少なくないからです。

SNS等を使った写真や動画、ビデオチャットを通じて、「これは欲しい？ いくつくらい必要？」「欲しいと言っていた黄色の財布はないけど、赤ならあるみたい。どうする？」といった会話をして、商品を買っていくのです。

仮にカメラの使用を禁止にすれば、大きく売上が減少するでしょう。

さらに商品を購入したら、それを写真とコメントを入れて、WeChatにアップしてくれます。これによってクチコミが拡散されていきます。

とにかく**中国人観光客には、カメラ撮影ＯＫとしたほうが、売上につながる**ということです。

もちろんデザインや意匠が盗まれるのではないか、他のお客様の顔が写真に写り込んでしまうのではないかといった懸念をもたれる方がいることも理解できます。その場合には、「この商品は撮影ＮＧです」「他のお客様の顔が写り込まないようにしてください」といったことを伝えるようにします。

ただ、そうした面倒に余りあるほど、売上への貢献が期待できるのも事実です。

# 43 どらやきは「どらやき」で売るのではなく、「Dorayaki」で売る

仮に、あなたのお店で「どらやき」を売っているとします。このとき、「どらやき」は「どらやき」として売らないでください。

どう売るかというと、「Dorayaki」と表記して売ってください。さらにいうと、「ドラえもん」のシールもつけてみてください（もちろん使用許可が必要）。これだけで売上は確実に

伸びるのです。

では、その理由を解説していきます。

「どらやき」と聞いて知らない方は日本人にほとんどいないでしょう。国民的人気キャラクター「ドラえもん」の大好物としても知られています。実はこの「ドラえもん」は海外でもとても人気があります。特に、中国やインドネシア、ベトナム、タイ、マレーシア、シンガポールでは、小さな子どもから大人までみんな「ドラえもん」を知っています。


そのため「ドラえもん」の大好物である「どらやき」も人気で、実際、ベトナムのスーパーでは、畳一帖よりも一回り大きなカートいっぱいに「どらやき」が売られています。そして、それを子どもから大人まで5個、10個とまとめ買いしていきます。

このように、**外国人観光客は本場の「どらやき」に興味がある**のです。ただ、彼らの多くは日本語が読めません。ですので、**「どらやき」は「Dorayaki」と表記する必要**があります。

ちなみに関西では「どらやき」と言わず、「三笠《みかさ》」と呼ぶことが一般的です。こうなると、見た目には「どらやき」でも、名前が違うので混乱してしまいます。なおさら、「Dorayaki」のローマ字表記が大切になるのです。

加えて、「ドラえもん」シールを商品の近くに貼ると完璧です。あの「ドラえもんの大好物のDorayakiなんだ。じゃあすぐに買おう」という流れになるのです。

今回は「どらやき」を例に販売方法をお伝えしましたが、他の商品の場合はどうすればいいのでしょうか。その際にも使えるエッセンスをお伝えします。

それは「**相手が知っているものと関連づけること**」。

ここでいう相手は外国人観光客。彼らが何を知っているかを把握し、それと関連づけた販売を行ってください。

すでに書いたことなので、繰り返しになりますが、私の知っている写真館では、外国人向けに戦国武将の甲冑を売りに記念撮影サービスを提供しています。「伊達政宗の甲冑」といえば誰も知らないのですが、「これはスター・ウォーズのダース・ベイダーのモデルになった甲冑ですよ」というと10人中10人全員が知っているわけです。この話を外国人にすると、多くの方がこの伊達政宗の甲冑を選ぶのです。もちろん、ライトセーバー付きで。

では、外国人が知っているものはどうやって見つければいいのでしょうか？

答えは簡単。ネットで検索してみてください。例えば、グーグルで「どらやき　海外」「甲冑　海外」と入れて検索すると、海外での認知や関連するものが色々わかってきます。

ぜひ、**あなたが販売しているものと外国人が知っているものを関連づけてみてください。**

**それだけで今より売上が伸びる**はずです。

# 第7章

# まさかの事態を避けるトラブル防止・抑止策



INBOUND

## 44 基本は相手の理解度をなるべく早く把握し、それに合わせてコミュニケーションを取ること

日本と海外では、基本的に考え方や常識が異なります。「ルビンの壺」と呼ばれる有名な絵があります。人の顔が向き合っている絵なのか、壺の絵なのか、人（見方）によって認識が異なるというものです。

それとまったく同じことが日本人と外国人観光客の間にもあります。その地域の住民、日本人観光客、外国人観光客では、同じものを見ていても、それぞれ捉え方が異なります。日本人の見方だと、外国人観光客のマナーが悪いと感じられたとしても、外国人観光客としては普段通りの振る舞いをしているだけということが多々あります。

単純にどちらが善でどちらが悪か、どちらが良くてどちらが悪いかという話ではなくて、あくまでも「認識の違いがそこにあるだけ」という話を私はいつもしています。

大切なのは、その違いを埋めていくことです。

認識の違いがわかる調査の1つに「American Express Global Customer Barometer」があります。同調査は、顧客サービスを提供する担当者の対応（振る舞い）として、最重要視している点を国際比較したものです。**日本人客は「礼儀正しさ」「人間的」といった点を求める一方で、イタリアやアメリカでは「十分な権限を有すること」が上位に入っています。香港では「効率を重んじること」**を重要視しています。

要は、そうした考え方の違いがあるため、日本人客にしてきた対応をそのまま外国人客にあてはめてはいけないということです。

だからといって、彼らに迎合しようと訴えたいわけでもなく、外国人観光客に〝郷に入っては郷に従え〟を強要せよといいたいわけでもありません。

その前提を踏まえ、本章のメインテーマである、外国人観光客にまつわる予期せぬトラブルや軋轢を防止・抑止するためには、どうしたらいいのでしょうか。具体的な方策は次項から紹介していきますが、大きく分けると2つの方向性があります。

1つは「**相手のことを知る**」です。三重県にある外国人観光客に人気の旅館の女将さんは、外国人観光客に対して必ず「日本に来るのははじめてですか?」「旅館に泊まったことがありますか?」と聞くのです。すなわち、日本の文化や旅館の慣習をどこまで知っているかを探っているのです。

「初めて」という外国人観光客に対しては、「温泉の排水栓を抜かないように」という日本人客が相手ならばまったく伝える必要がないようなことまで、1つずつ丁寧に説明しているのです。

相手の理解度や知識のレベルによって、どこまでの対応が必要なのかが変わってきます。先ほどのアメリカン・エキスプレスの調査の話と矛盾していると感じるかもしれませんが、「外国人客だから○○だ」という決めつけをはじめ、「アメリカ人だから」「中国人だから」「タイ人だから」という行き過ぎた先入観や固定観念も、トラブルの種になります。国民性やその国の文化的傾向は、あくまで「参考値」に過ぎないことを頭に入れてください。

## 45 「外国人だから仕方ない」で一括りにするのではなく、根本原因を探ることで解決策が見つかることもある

もう1つの方法は、**トラブルを引き起こす「真の原因」を探ること**です。

とある観光地で、外国人観光客が勝手に私有地に入ってしまうというトラブルが相次いでいました。そこで、解決策として「PRIVATE NO Entry」という看板を設置したのです

が、ある程度の効果はあったものの、完全な課題解決には至りませんでした。なぜでしょうか。

そこで根本原因を探るため、私有地を通っている外国人観光客に「なぜこの道を通るのですか？」と聞いてみたそうです。すると、その地域にあるAという観光スポットからBという観光スポットまで歩こうとしたときの推奨ルートとして、その私有地を通る道が表示されていたからということがわかりました。**この事例の根本原因は、地図アプリにあったのです。**

こんな事例もあります。中国人観光客に人気のスポットで、撮影禁止の場所がありました。地域住民から「中国人観光客が撮影していたら注意をしてほしい」という要望もあり、当地の商工会では積極的な声掛けを行っていました。しかし、その結果、商工会と中国人観光客との間でのいざこざが増えてしまいました。なぜでしょうか。

探ってみると原因がわかってきました。商工会で声掛けをする担当者のなかの数人が、頭ごなしに注意していたのです。家族やグループのなかで、自分だけが怒られると、面子が傷つけられたと感じて、激高する方が中国人のなかにはいます。彼らは、撮影禁止が気に食わないわけではなく、**面子が傷つけられたことが原因で激高している**のです。

そこで、その商工会では頭ごなしに注意することをやめたうえで、その観光地によく訪れるツアー会社のガイドに、あらかじめ「撮影禁止の場所があること」をツアー参加者全員に対して注意しておいてもらうようにしました。

もう1つ、韓国人観光客に関する事例があります。私の知り合いが経営するゴルフ場では、「マナーの悪い韓国人ゴルファーに困っている。現場としては、もう韓国人は受け入れないでほしい」と、現場で指揮を執る担当者から直談判があったそうです。

一方で、国内市場に限界を感じているその経営者としては、すべての韓国人客の受け入れをストップさせることは、経営を続けるためには非現実的でした。そこで彼がしたのは、原因の究明です。

もともとそのゴルフ場では、個人ゴルファーが直接来ることはほとんどなく、旅行会社経由で韓国人ゴルファーを受け入れていました。取引のある旅行会社は数十社だったので、どこの旅行会社からのゴルファーがマナー違反をしているのかをしらみつぶしで調べたところ、数社を特定することができました。要は、その数社の旅行会社だけが、日本のゴルフ場でのマナーをきちんと韓国人ゴルファーに伝えていなかったのです。そこでその経営者は、その数社のトップに対して、「**事前にこちらから提示するルールを伝えてもらわなければ、今後は一切受け入れることはできない**」と、ダイレクトに伝えたところ、マナー違反が改善されました。

ここでは3つの事例を取りあげましたが、要は、「観光客がそのトラブルを起こしてしまうのはなぜなのか」をきちんと調べない限りは、最適な防止策・抑止策は見つからないということです。

## 46 日本の常識は世界の非常識!? 定番ともいえる認識違いを把握しておこう

繰り返しになりますが、そもそも日本では常識だと思われていても、海外では常識ではないことも少なくありません。そこで本項では、現場で起こりがちな認識違いをいくつか紹介しておこうと思います。

1つ目は**トイレットペーパーの捨て方**です。訪日外国人数で上位に並ぶ、中国や韓国、台湾を含む海外の多くの国では、**日本のように「トイレットペーパーを便器のなかに捨てる」という習慣がありません。**水圧が弱かったり、水に溶けないトイレットペーパーを使っていたりすることから、便器の横に設置されたゴミ箱に捨てるのが常識になっているの

トイレットペーパーの捨て方（台湾）

です。そもそもトイレットペーパーを置かない国すら少なくありません。私自身、住んでいたこともあるインドはその代表例です。

トイレでの習慣の違いは、トイレットペーパーに限りません。トイレ自体は万国にあるにもかかわらず、その様式や使い方は非常に様々です。「どうして掃除しても掃除しても、うちのトイレはすぐに汚れてしまうのか」と憤る前に、トイレの使い方が異なることから生まれる原因を探ってみてはどうでしょうか。

2つ目は**タトゥー**です。ご存じの通り、海外ではタトゥーをしている人が少なくありません。ファッションや文化、家族への愛の誓いなどその理由は様々です。一方で、日本では歴史的な背景もあって入れ墨＝反社会的勢力が想起され、条件反射的に〝悪いもの〟と見なす傾向があります。

観光庁は、外国人観光客の増加に伴って2016年の段階で「入れ墨をしていることのみをもって、入浴を拒否することは適切ではございません」との通達を出していますが、とても難しい問題です。どちらが正解でどちらが間違いという答えはありません。

成田空港のほど近くにある温泉施設では、場所柄もあり、反社会的勢力の人ではないことを前提条件にして、入れ墨やタトゥーを理由に入浴制限をかけてきませんでした。しかし、「安心して利用できない、との声がこれまでに数多く寄せられてきた」ことを理由に、手のひらで隠れない大きさ以上の入れ墨・タトゥーのある人の利用を制限するルール改定を2022年になって行っています。

一方で、和歌山県のとある温泉施設では2021年に次のような通達を出しています。

「世界の皆様が入浴できるように、タトゥーの方々の入浴に制限は致しません。本来入れ墨、タトゥーの入浴禁止は、反社会的勢力の方々をお断りする為の物であります。（中略）そこでタトゥーのお客様には、入場時に反社会的勢力ではない旨の署名をお願いしております」

何度も言うようですが、明確な答えはない難しい問題です。大事なことは、条件反射的にこうだと決めつけないこと。さらには、**タトゥーを理由に入浴を断る場合、その理由や背景をきちんと外国語で説明できるようにしておくこと**です。「ルールだから」という断り方では、トラブルは大きくなるだけです。ただ、日本の歴史的な背景などを外国語で口頭で説明するのはハードルも高いため、あらかじめ文章を用意しておく必要もあるでしょう。

3つ目は**喫煙**です。喫煙に関するルールや習慣も、国や地域によって様々です。ただ、基本的には飲食店や宿泊施設を含め、海外ではルールが厳格である一方で、喫煙できる場所とできない場所が明確でわかりやすいという国が多いのも現実です。日本では、東京オリンピックを機に、受動喫煙の防止を目的とする改正健康増進法が成立し、2019年7月より原則敷地内禁煙（屋内全面禁煙）となりました。しかし、「原則」という言葉が表している通り、現実には様々な抜け道が存在し、実質的に喫煙可の居酒屋や喫茶店が珍しくありません。喫煙・禁煙のルールが不明瞭で、地域差も存在します。日本全体の傾向としては、**喫煙者も非喫煙者も「混乱」を招くような状況にある**と言わざるを得ません。外国人観光客との無用なトラブルを避けるためにも、〝わかりやすさ〟を見直してみてはどうでしょうか。

4つ目は、**香水**についてです。外国人観光客のなかには、非常に強い香水をつけている方もいらっしゃいます。高級な寿司店や料亭などの場合、香水はマナー違反とされ、入店をお断りしているところもあります。もしも入店を断る場合は、予約の段階や入店時など、**そのお客様との最初のタッチポイントで伝える必要**があります。香水に限った話ではありませんが、〝後出しじゃんけん〟はトラブルを招きます。

ＬＧＢＴＱの方の受け入れに関する認識違いも増えています。特に欧米の国にはＬＧＢＴＱ対応が進んでいるところが多く、日本でも「知りませんでした」では済まされない方向に進みつつあります。旅館であれば、利用規約をつくることが旅館業法で定められていますが、今後、その**利用規約のなかに、ＬＧＢＴＱの記載もマストで加えていく必要がある**と思っています。例えば「外見上の性別に則ってご利用いただくことにしています」か「法律上の性別に則ってご利用いただくことにしています」といった具合に、どういったスタンスで運営しているのかを明示したうえで、利用者側から質問や要望があったときにも対処できるようにしておくといいでしょう。

今回は5つのことを取りあげましたが、そのほかにも常識の違いは、たくさんあります。ここではそのすべてに触れることはしませんが、いずれにしてもいえるのは、日本の常識が海外では非常識になりえること。もちろんその逆も然りです。そのときにどういう対応を取るのかは一概にいえませんが、場当たり的な対応ではなく、あらかじめ自分たちのスタンスを決め、そのスタンスに則った対応をすることで、トラブルの数は減らすことができます。

# 47
# 「巻き寿司なのにシャリは要らない」。マニュアル外のことが起きたらどうする？

20年以上前のことになりますが、私はアメリカのお寿司屋さんでアルバイトをしていたことがありました。そのとき、巻き寿司なのに「シャリは要らない」「海苔は要らない」など、日本では考えられないようなカスタマイズ要求を数多く経験しました。

ただ、同時にそうした要求をしてくるアメリカ人たちには、悪気がまったくないことも知りました。単純にそういったことができるのかどうかを聞いているだけ、すなわち自分の好みを訴えているだけであって、お店や料理に難癖をつけているわけではない方がほとんどだったのです。

ですから、まずは「**カスタマイズ要求があたりまえのようにある国も存在する**」ということを認識し、現場スタッフに共有しておくといいでしょう。それによって無駄な心理的負担をかけさせないで済みます。

その前提のうえで、外国人観光客からの予期せぬ要求に対して、どう対応したらいいのかを考えてみましょう。

これは私の個人的な見解になってしまうのですが、なるべく柔軟性をもって対応したほうがいいと思っています。

特に客単価が一定以上(例えば1泊1人5万円以上)になってくると、サービスには柔軟性があってあたりまえという感覚があるので、個別の要求への対応はしていくべきでしょう。

その際に経営者として考えておくべきは、**リクエストに対してどこまで〝現場判断〟で進めることを認めるのか**という点です。この部分は小さな会社だとしても、会社としての方針を決めておかないといけません。

では、この会社の方針はどうやって決めたらいいのでしょうか。私は「自分たちがどういうお客さんに来てほしいと思っているのか」によって決めたらいいと思っています。

例えばラグジュアリー層と呼ばれるような、超富裕層を受け入れたいのならば、ある程度は彼らの要求に振り回されることを覚悟して臨まないといけません。「(自分たち)施設に来る1つ前の訪問地が気に入ったので、到着時間が1時間遅れる」といったことがあっても対応すべきで、そうした事態は事前にコスト(料金)として織り込んでおくのです。超富裕層の客であれば、そのコストは当然のこととして認めるはずだからです。

もちろんいくら超富裕層を受け入れたいといっても、経営者として譲れる部分と譲れない部分はあるでしょう。そこは**プライドをもって「対応できる／できない」を伝えたらよい**と思います。

他方で、「富裕層は要らない。客の質は問わないから、とにかく回転数を上げて売上を伸ばしたい」というのならば、相手が外国人だろうが日本人だろうが、個人個人のカスタマイズ要求に対応してはいられません。

まずは自分たちの**理想的な顧客像というものをはっきりとさせ、会社としての方針を固めていく**ようにしてください。

## 48 日本語がわかる外国人も多い。会話には要注意を

まさかの事態は、〝思い込み〟から起こることが多いです。

代表的な思い込みの1つが、「**外国人観光客だから日本語はわからないはずだ**」というもの。そうした思い込みがあるから、ちょっとした悪態をついたり、ポロッと不満をもらしたりしてしまうことがあります。

ですが、実は「日本語が話せる人」「ちょっとした日本語なら聞いて理解できる人」「文章として話すことはできなくとも単語ならば聞き取れる人」は、決して少ないとは言い切れません。というのも、日本語というのは世界のなかで決してマイナーな言語ではないからです。日本語を母語とする人口は、世界トップ10に入る1億2500万人ともいわれ、日本語学校や日本語を学べる大学も、世界各国にあります。そもそも日本は、相対的な経済力は低下しているといわれつつも、世界第3位の経済規模を維持しています。

日本人は自己を過小評価する傾向があります。言い換えれば自己肯定感が低い国民性をもっていますが、そうした自己評価とは裏腹に、案外その存在感は侮れないのです。

ポロッと言ってしまったネガティブな発言は、第4章の「ベジタリアン」について触れたときと同じ理屈で、グループ客のなかに1人でも日本語がわかる人がいたらグループ全体に伝播します。仮に40人の団体客だったら、たった1人から40人にネガティブなことが広まります。もちろんその40人には、家族や友人が複数いるので……と考えていくと、その影響力は計り知れないものがあります。

外国人観光客だろうとなんだろうと、**ネガティブな発言は顧客の聞こえるところでしてはいけない**という単純なことです。

## 49 「靴を脱いで部屋にあがる」「タオルを浴槽に入れない」などの基本はどう伝える？

外国人観光客にとって伝えなくてはわからない日本の生活習慣は多岐にわたります。「靴を脱いでから部屋にあがる」「タオルを浴槽に入れてはいけない」「茶碗を持ち上げて食べる」など。こうしたことをいちいち口頭で伝えていたら、キリがありません。そこで各種施設や飲食店などで使われるようになったのが、ルールを伝える張り紙やメニューなどのツールです。

しかし、残念ながらそうしたツールをつくって設置することで満足してしまっているところが多く、**本来の目的である「ルールを知らない人に周知し、トラブルを回避する」ということが達成されていないケースが非常にたくさん見受けられます。**

たちが悪いのは、トラブルに発展してから「私たちはこちらの張り紙でルールを周知している。見なかったあなたが悪い」と責任を押し付けようとすることです。接客スタッフですら忘れているような目立たなかったり、読みづらかったりする張り紙であるにもかかわらず……。

決して、張り紙をすることがゴールではありません。そこに記載されていることが相手に伝わることが大切なのであり、もしも理解していなそうな様子であれば、「こちらをお読みください」という一言で十分なので、注意を向けてあげましょう。

そもそも、あえてトラブルを起こしてやろうなんていう悪気のある人間は基本的にいません。そのルールを知らないだけ、ルールが書いてある紙に気づいていないだけなのです。これは私の実感値ですが、**国内客以上に、それぞれがもつ独自のルールを受け入れようとする土台が外国人観光客にはある**ように思います。実際、私自身も海外旅行に出て、外国人としてどこか違う国に足を踏み入れたときには、その土地のルールを知りたくなりますし、それを守りたいと思います。

仮に、その国の人に、「こういうルールがあるので、それはしてはいけません」と言われても、「なるほど、そうだったんですね」と納得する人がほとんどで、逆ギレするような人はほぼいないと考えていいのではないでしょうか（それで高い満足度が得られるかどうかは別の話ですが）。

そういう意味合いにおいては、外国人客からの「値引きしてほしい」という要望は、はっきりとできないものは「できない」と伝えて問題ありません。**この「値引きしてほしい」と**

**いう言葉は、国や地域によっては日常的なコミュニケーションですが、だからといって対応する必要はない**のです。

## 50 緊急対応が必要になったときに困らないよう事前準備をしておこう

日本は非常に自然災害の多い国の1つです。地震、津波、台風、大雪……。そうした緊急時には、どう外国人客に対応するかを事前にまとめておくようにしないと、いざというときに困ってしまいます。

例えば台風で飛行機が飛ばないとき、空港までの公共交通機関がストップしてしまったときなどは、外国人はなかなか最新情報が手に入りづらいものです。外国語で最新情報が手に入るインターネットサイトや、災害時に使う英語の表現などをまとめておくといいでしょう。

さらに、そうした天災のみならず、外国人客の個人個人の緊急事態も起こり得ます。体調不良(病気)で倒れてしまった、虫歯が酷くて眠れない、出産予定日より1カ月以上も早く破水してしまったといった際に、どう対応するかのマニュアルをつくっておくと安心です。特に外国語ができる病院をリスト化し、可能ならば事前にコミュニケーションを取っておき、スムーズな患者移送ができる態勢を整えておくといいでしょう。

また、インバウンドに特化した保険に加入しておくという手もあります。例えば、東京海上日動火災保険が展開している法人向けのインバウンド保険では、加入者向けに言語翻訳サービスが付帯されており、もしもの際の賠償対応だけでなく、困った時の言語サポートもついています。

その他、外国人客本人が来日後に加入できる保険も展開しています。体験や少人数のグループツアーなどを提供する事業者の方は、緊急時の対応だけでなく、リスクが伴う商品についてもこうした保険を活用するのもよいでしょう。

# 第8章

# 強固な経営基盤を形成する人材の育成と採用



INBOUND

## 51　一流の大学や企業出身者を含めた高度な人材の採用を目指す

観光業といえば、長きにわたっていわゆる〝高卒人材〟の働き口として考えられてきました。給与水準が低い、労働時間が不安定、非正規雇用が多いといったことが背景にあります。

高卒人材の能力がすべからく低いというつもりはまったくありませんが、商品やサービスの付加価値向上に寄与する論理的思考力や学習・成長意欲などは、大卒人材のほうが高い傾向にあることは確かです。

では、観光事業に携わる小さな会社が、一流の大学や企業出身者を含めた高度な人材を採用するにはどうすればいいのでしょうか。

私は日本で初めてインバウンド専門の求人サイト「やまとごころキャリア」を２０１４年に開設し、同サイトを通じて外国人人材の採用（マッチング）とともに、高度な人材に観光業に来てもらうための方法を模索してきました。

そのなかでいえることは、**「語学」と「IT」のスキルを磨ける職場としてPRすると高度な人材が採用しやすくなる**、ということです。

実際、東海地方の老舗の旅館で、やまとごころキャリアを通じて、東京の有名大学の学生の採用に成功した事例があります。「大卒の方を採用できたのは初めて」と驚いていました。

このときに打ち出したのが、外国人の利用者が多いため語学を磨ける（活かせる）ことと、ITの導入が遅れている業界だからこそITスキルを身につけられることでした。この採用がブレイクスルーとなり、同旅館では大卒人材の定期的な採用を実現できているようです。

「宿舎がついている」「老舗である」「日本流のおもてなしサービスが学べる」といったことだけでは、優秀な都市部の若者や外国人人材は集められません。

ここでは、語学やITを前面に打ち出したことで成功した事例を紹介しましたが、それらに限らなくとも、インバウンドというものをどう表現すれば、意欲のある人を集められるかをしっかりと掘り下げて考えていくべきです。

先進的である、先を見据えている、経営者のマインドが柔軟といった要素は、掘り下げられると考えています。**ドメスティックなところで商売をしているのではなく、世界に目**

ります。

**を向けているというスタンスが見えること**で、会社のイメージ自体が変わってくる側面もあります。

他方で、語学やＩＴ以外で１つのトレンドをあげるとするならば、「**まちづくりや地域活性化、地方創生**」があります。

「地域のためになる」という大義のある仕事であることにやりがいを感じている人は増えています。特に、ＳＤＧｓやサステナビリティへの意識が高い人のなかには、地域の社会課題が見えやすく、自分の力で変えることができる小さな会社や地方での仕事に魅力を感じる人もいます。

そうした層にうまく訴求できれば、「うちに興味をもってくれるはずがない」と思い込んでいた輝かしいキャリアの持ち主が、応募してきてくれる可能性も出てきます。

実際、とある限界集落にある宿泊施設では、有名大学を卒業後、高級ホテル勤務や海外留学を経た経験豊富でスキルをもった若者夫婦をマネージャーとして採用した事例があります。過疎化や高齢化が進んだ地域だからこそ、自分のスキルが最大限に活かせると考える人が出てきている証拠です。

少し主旨から逸れますが、人材確保の側面で一つ事例を紹介します。

東北のある宿泊施設の例ですが、繁忙期や急な人材確保に「おてつたび」と「タイミー」

というサービスをフル活用しているところがあります。「おてつたび」は名前の通りですが、お手伝いをしながら知らない地域を旅したい人と繁忙期に人手の足りない事業者のマッチングをするサービスです。まさに地域活性化、地方創生とは親和性の高いサービスになっていて、全国の多くの観光施設でも利用が広がっています。また、タイミーは働きたい時間と働いて欲しい時間をマッチングするスキマバイト募集サービスで、500万人を超えるワーカーが登録しています。これらのサービスを活用することで、年間を通して必要な人材を確保していきます。このようにフルタイムで採用することは難しくとも、これらのマッチングサービスを利用することで、スポット需要を補う工夫も大切です。

話をもどします。近年では、円安や世界的な人手不足が後押しとなって、海外で働く若者も増えています。私自身もアメリカの大学に進学し、インドでのインターン等を経験した1人ですが、そうした人材のなかには、「海外経験を存分に活かせる職場」を国内で模索する人が常に一定数います。円安が落ち着いたり日本での生活が恋しくなったりするなどして、海外生活から日本に戻ろうとする動きも加速していくと思われます。今後は、海外経験者に変なレッテル貼りをせず、門戸を開けておくことも重要になるでしょう。

また、いきなり採用に至らなくとも、連携していくという方法もあります。観光分野の大学や専門学校には、外国人留学生を含めた人材がいます。**教育機関と連携し、インター**

**ンシップや研修という形で働く場所を提供する**という方法もあります。

もちろん「やりがい」ばかりを押し出して、実際の労働環境や条件が他の業界と比べて劣っていては、〝若者のやりがい搾取〟と批判されて然るべきです。それこそ経営的にサステナブル（持続可能）なものではありません。

インバウンドに取り組むことで収益性を高め、その利益を従業員に還元していくこと。その実態が伴うことではじめて、優秀な人材が定着することになります。

## 52 既存社員の満足度向上やエンゲージメント強化が実現できる

インバウンドに取り組むことによって、従業員満足度の向上とエンゲージメント強化が実現できます。

その理由の1つとして、「**文化交流**」があります。多様な背景をもつ人々との交流は、知的好奇心を刺激すると同時に、グローバルなつながりを深める機会となります。異なる文化や習慣、言語に触れることは、従業員が成長を感じる貴重な経験となります。

もちろんそうした交流を面倒くさいと感じる従業員もいるかもしれません。しかし、想像以上に外国人客の感情表現は豊かで直接的です。「日本人客を相手にしていたときにはあまり経験できなかった、感謝の言葉をもらう機会が増えた」という例もあります。

国際的な文化交流は、「スキルを開発する貴重な機会」にもなります。様々な国籍の顧客に対応することで、従業員は語学力を向上させたり、異なる文化の規範を理解したりすることができます。

仕事の多様性が増えることで、仕事の充実感が高まるという側面もあります。外国人客との日々の交流は仕事の内容をより変わりやすく、興味深いものにしています。すでに本書で触れてきた通り、外国人客を受け入れることで予期せぬ出来事や解決すべき課題が頻繁に出てきます。

それらをネガティブな要素としている経営者もいるかもしれません。しかし、「常に課題解決が求められる経験値の得られる職場」と捉えることもできます。「**自分のアイデアや発案が課題解決につながった**」という経験は、その仕事へのエンゲージメント（愛着）の強化にもつながっていきます。

２つ目の理由は、**誇りの強化**です。**インナーブランディング**ともいわれますが、外国人客という第三者（異質な存在）から高い評価を得ることによって、そこで働く人たちは、自分たちのサービスや商品に誇りを感じられるようになります。自社が提供するサービスや商品のことを深く知れば知るほど、インナーブランディングは強化されていきます。仮に従業員が自社と似たサービスを経験するために旅行へ出かけるようなことがあれば、その費用の一部を負担することも効果的です。

当然ですが、報酬の向上も忘れてはなりません。インバウンド市場は、まだまだ成長市場です。顧客単価も上げていけるインバウンド需要を取り込むことで、従業員の待遇改善を図ることができます。長きにわたって、観光業における雇用の安定性の足かせとなってきた、平日と休日の繁閑差も、外国人観光客によって平準化することができます。その結果、雇用の安定性を確保したうえで、給与水準も上げていくことができるのです。

## 53 現場で活躍する外国人スタッフの集め方

先ほども紹介した「やまとごころキャリア」には、約3万人の登録者がいますが、そのうち約半数が外国人です。そのほとんどが四年制大学の留学生や留学後の就職活動生です。基本的に、日本語でコミュニケーションができる方たちです。

そうした外国人を採用するにあたってのポイントは、**日本人にも好かれるような人を選**

**ぶこと**です。インバウンドに取り組んでいる会社でも、多くは日本人客のほうが割合として大きいのが通常です。

したがって、日本人相手にも通じる礼儀正しさや文化的な理解度は、ある程度求めていく必要があります。

留学生のなかには、完全にその国のコミュニティのなかで完結してしまっている人もいるのが実情です。ですので、日本人のコミュニティにも接点があるのか、日本人の友人がいるのかといったところを1つの基準に考えるといいかもしれません。

それと似た要素ではありますが、**オープンマインドで柔軟性をもった人かどうか**も、重要な観点です。

例えば中国人スタッフがアメリカ人の応対をする、ベトナム人スタッフが韓国人を接客するといった具合に、グローバルに活躍してもらう必要があるので、オープンマインドな人のほうが相性がよい職場であるといえます。

また、読者のみなさんのほうが詳しいと思いますが、小さな会社というのは1人が何役もこなすことが求められます。一方で外国人のなかには「私の仕事はこれです」と線引きをする人もいます。

ですので、例えば、主な仕事は接客だけれども、空いている時間ではＳＮＳ対策をしていった具合に、ある程度**業務に関して柔軟性をもった人**を選んでいくほうがいいでしょう。

もちろん募集要項の書き方にもよってきますし、海外のジョブ型雇用的な考え方もこれからの日本には必要な要素ではありますが、現状の小さな会社では、ある程度メンバーシップ型の雇用をしていかざるを得ないかと思います。

ただ、そうしたマルチタスクを外国人スタッフにお願いをする場合に気をつけたいのが、その**仕事の狙いや意図、目標を共有しておかないと、混乱を招く**ことです。したがって、創業以来の慣習として形だけやっていることや、精神論的な理由から「トイレ掃除は手でやりなさい」というような合理性に欠けたものは、避けるべきです。

留意点はほかにもあります。**待遇面で日本人スタッフと外国人スタッフを平等に扱う**という点です。外国人スタッフは特別枠として、待遇面で日本人と差をつける（待遇を低くする）こともありますが、そうしたことはもってのほかです。

仮に多言語ができ、売上に貢献している外国人スタッフがいたら、その貢献度に応じてきちんと評価しなければなりません。国籍で評価を変えるというような不合理なことがあるのかと疑問に思われるかもしれませんが、実はそれほど珍しいケースではありません。

就業年数に応じた等級制度で給与を決めている会社もありますが、なぜ**就業年数が異なるだけで、売上に貢献している自分のほうが給与が少ないのか、多くの外国人スタッフには理解できない**でしょう。せっかく育ったスタッフの離職にも繋がりかねませんので、注意してください。

ただ、「言葉ができるから、ただちに給料を上げる」というのは、ややや
り過ぎだと私は思っています。言葉ができても売上に貢献していないケースもあるからです。

# 54

# 日本酒ブームで欧米人が酒蔵の杜氏に!? 事業承継の担い手不足の解消へ

特に地方で顕著だと思いますが、小さな会社のなかには、事業を任せられる後継者や経営者視点をもった人材がいないという問題を抱えている経営者のみなさんもいることでしょう。そうした場合にも、救世主となり得るのが外国人人材です。

なぜなら**外国人人材の場合、「やりたいことができれば、勤務場所を問わない」という傾向が、日本人よりも強い**からです。

やまとごころキャリアが2020年9月に行った「地方勤務に関する意識調査」でも、外国人人材は地方勤務へのハードルが低いという傾向が明らかになっています。これは私の主観ですが、日本人は外的要因（給与や待遇、業界のトレンド、企業の社会的評価やブランド力、勤務地や勤務時間などの労働環境、家族や友人との関係）によって仕事を選ぶ傾向にあるのに対し、**外国人は内的要因（興味・関心、適性やスキル、価値観・信念、キャリアビジョン）によって仕事を選ぶ**傾向が強いように思います。

したがって、仕事の内容と自分のやりたいことが合致してさえいれば、事業継承の担い手にもなり得る外国人を都市部などから呼び込むことは、イメージするほど難しくないといえます。その仕事内容が日本文化固有（伝統芸能、工芸、技術）のものであるほど、その文化を愛する外国人には魅力的に映ります。

代表的な例が酒蔵の杜氏です。約180年の歴史をもつ京都の北部、京丹後にある木下酒造では、48年にわたって二人三脚で酒造りを行ってきた日本人の杜氏が亡くなった後をオックスフォード大学出身のイギリス人、フィリップ・ハーパー氏が継いでいます。同氏は日本で初めての外国人の杜氏として知られ、その活躍ぶりはドキュメンタリー映画にもなっています。

刀鍛冶を目指し、広島県庄原市に移り住んだスイス人の青年もいます。２０１７年に来日したジョハン・ロイトヴィラー氏は、34歳になる２０２３年に文化庁主催の刀鍛冶研修会を外国人として初めて修了した人となりました。

手すき和紙職人として、高知県の梼原町で活躍するのはオランダ人のロギール・アウテンボーガルト氏です。地域の伝統産業である和紙の担い手として、地域ぐるみでの活動を行っています。２００７年には、高知県の認定制度である「土佐の匠」に、外国人として初めて選ばれています。ヨーロッパにある伝統技術と、和紙の技術を組み合わせた「和蘭紙」と呼ばれる新たな作品を生み出すなど、意欲的に活動しています。

小田原にある老舗の梅干し屋ではドイツ人経営者が奮闘し、後継者不足に悩まされている石川県加賀市の山中漆器でもドイツから来た20代の女性が地域の産業技術センターで研修生として自己鍛錬に励んでいます。

彼らのような外国人人材は、単に日本の伝統文化の継承者や伝道者として活躍するだけでなく、日本人にはない感性や知見との組み合わせによって、新たな価値の創造を実現している例も少なくありません。

# おわりに

本書『小さな会社のインバウンド売上倍増計画』は、私にとって10冊目となる書籍です。まずは、このような出版の機会をいただけたこと、そして実際に手に取って読んでくださったことに心から感謝を申し上げたいと思います。どうもありがとうございます。

私がインバウンドという分野に特化した事業を始めたのは、2007年のことになります。その後、日本におけるインバウンド市場は概ね順調に成長曲線を描いてきました。特に2010年代後半に入ると、東京2020オリンピック・パラリンピックに向けた機運の高まりと相まって、前年比を大きく上回る急成長を見せてきました。

そうしたなかで関連書籍もたくさん刊行されてきました。しかし、インバウンドに関連するビジネス書は、大別すると政策提言系の読み物か、大企業や自治体・観光団体向けのマクロ視点寄りの対策本が多かったように思います。

本書はそのどちらでもありません。地域に根ざした、従業員数1人から50人程度の小さな会社を主に意識し、お金をあまりかけずにできる具体的なノウハウを詰め込みました。これまで全国各地での講演やコンサルティングを通じて、多くの会社の経営者や現場リーダーと関わってきましたが、そこから共通する課題や疑問をベースに内容をまとめていますので、全てではなくとも、本書で紹介した施策のいくつかは自社にフィットする、やってみたいものがあるはずです。

私は常々インバウンドのニーズは小さな会社の「独自性」にこそある、と考えています。どこにでもあるチェーン店にはブランドも安心感もあります。ただ、これからの旅行者は、本物志向であり、その地域・会社ならではの価値を求める傾向にあり、それこそが小さな会社の強みとなるのです。ただ、その小さな会社にはインバウンド担当もいなければ、大きな予算があるわけでもありません。

本書はそういった小さな会社の経営者やリーダーのみなさんが、低予算でもすぐできることを学んでいただくことを目的としています。本書をお読みになったすべてのみなさんの「売上倍増」に貢献できたら、これ以上の嬉しいことはありません。

最後になりましたが、本書の出版に関してご協力いただいた方々に謝辞を伝えたいと思います。本書の企画アドバイスをくださったネクストサービス株式会社の松尾昭仁氏、日経ＢＰの森川佳勇氏、執筆協力をしていただいた遠藤由次郎氏、本書の施策内容を一緒に作り上げてきたクライアント、ビジネスパートナーの方々に心から感謝いたします。

２０２３年11月

株式会社やまとごころ　代表取締役　村山慶輔

【著者紹介】

村山慶輔（むらやま・けいすけ）
株式会社やまとごころ代表取締役、インバウンド戦略アドバイザー。

1976年神戸市生まれ。99年米国ウィスコンシン大学マディソン校ビジネス学部情報システム学科卒。インドのシステム会社でインターンを経験後、2000年アクセンチュア入社。06年に同社を退社し、インバウンドに特化したコンサルティング会社「やまとごころ」を設立。内閣府や観光庁における観光推進事業の有識者メンバーに名を連ねるなど、インバウンドの専門家として活躍中。
『観光再生』（プレジデント社）、『インバウンドビジネス入門講座』（翔泳社）、『超・インバウンド論』（共著、JTBパブリッシング）など著書多数。

**小さな会社のインバウンド売上倍増計画**
**54の「やるべきこと」と「やってはいけないこと」**

2023年12月8日　1版1刷

著　者　　村山慶輔
　　　　　©2023 Keisuke Murayama

発行者　　國分正哉
発　行　　株式会社日経BP
　　　　　日本経済新聞出版
発　売　　株式会社日経BPマーケティング
　　　　　〒105-8308　東京都港区虎ノ門4-3-12

企画協力　ネクストサービス株式会社　松尾昭仁
ブックデザイン　野網雄太（野網デザイン事務所）
本文組版　朝日メディアインターナショナル
印刷・製本　三松堂

ISBN978-4-296-11837-3


本書籍に関するお問い合わせ，ご連絡は下記にて承ります。
https://nkbp.jp/booksQA
Printed in Japan